101 Dinge,
die ein Wohnmobil-Liebhaber
wissen muss

Torsten Berning

101 Dinge die ein Wohnmobil-Liebhaber wissen muss

BRUCKMANN

Inhalt

Alles was Sie brauchen

Informalien und Unterhaltung rund ums Wohnmobil

Schon der Titel macht einfach Lust auf mehr! 101 Dinge zu benennen, die ebenso informativ, wissenswert wie unterhaltsam sind, ist für den Autor Ansporn und Verpflichtung zugleich. Es soll kein Technik-Almanach, keine Bedienungsanleitung, kein Reiseführer, keine Satire und kein „So geht das"-Buch werden – aber doch von jedem etwas. Es soll „sie und ihn" unterhalten und dabei für den Einsteiger wie auch den alten Hasen gleichermaßen interessant sein. Wertvolle Tipps soll es geben, wenn es um Technik, sinnvolle Ergänzungen und Zubehör des rollenden Zuhauses geht, genauso wie Hinweise für die Auswahl von Reisezielen und Routen. Vielleicht enthält es aber auch die eine oder andere nette Anekdote aus mehr als 60 Jahren Wohnmobil-Geschichte, die Sie zum Schmunzeln bringt. Erleben Sie eine bunte Tour durch die Welt des mobilen Reisens.

Auf meinen 300.000 mit dem Wohnmobil zurückgelegten Kilometern gibt es eigentlich nichts, was nicht doch schon einmal passiert ist, meine ich. Wie zum Beispiel bei der letzten Tour in den schottischen Highlands, auf einspuriger Strecke, als meine Frau sagte: „Hier wird uns ja wohl kein Bus entgegenkommen?" Und prompt war einer da.

Nicht vergessen:
Glück kann man nicht kaufen, aber ein Wohnmobil, und das kommt dem schon sehr nahe!

Herzlichste Grüße, und für Sie die gleiche Freude beim Lesen wie ich sie beim Schreiben hatte.

Torsten Berning

Alle verwendeten Markennamen sind Eigentum des jeweiligen Urhebers. Die Inhalte der Kapitel wurden nach bestem Wissen recherchiert. Sie erheben keinen Anspruch auf Vollständigkeit. Eine Gewährleistung für die Richtigkeit der gemachten Angaben kann nicht gegeben werden. Für eventuelle Fehler bitte ich um Entschuldigung.

Geschichte des Wohnmobils

1

Vom Mittelalter bis heute

Der Wunsch, unterwegs komfortabel und unkompliziert eine Nacht zu verbringen, entstand schon ganz früh in den Köpfen der Menschen. Noch von Pferden gezogen, wurden Kutschen entwickelt, in denen man mit wenigen Handgriffen eine ansehnliche Bettstatt herrichten konnte. Die reichen Kaufleute oder hohe Kleriker gönnten sich so etwas. Auch an Toiletten, die von außen unter die Rahmen geschoben wurden, dachte man bereits.

Dethleffs und Hymer, die Pioniere

Mit dem Beginn der Industrialisierung und Motorisierung der Menschheit ging der Fortschritt rasend schnell voran. Die Engländer bauten 1930 erste Heavy Goods Vehicles (Lkw) komplett aus, um sie zum Wohnen für das „fahrende Volk“ zu nutzen. Arist Dethleffs baute zu dieser Zeit erste Wohnwagen, um seiner Gattin den Wunsch zu erfüllen, ihn auf

Modern Style Baujahr 1986

Oldstyle Wohnmobil Baujahr 1936

seinen Dienstreisen mit den Kindern begleiten zu können. Erwin Hymer war dann der Vorreiter, der einen Wohnwagen mit eigenem Antrieb bauen wollte. So sahen dann die ersten „Hymer" aus: wie fahrende Wohnwagen! Der Grundstein war gelegt und von da an ging es rasant weiter. Hymer erdachte ebenfalls das erste Hubbett für den Fahrerraum. Ein genialer Grundriss mit Rundsitzecke im Heck und Schlafstätte im Bug war erfunden. Kein Umbauen der Sitzgruppe für die Nacht war mehr nötig und es blieb genügend Raum für ein Kombi-Bad mit Duschgelegenheit.

Do it yourself

Es entwickelten sich unzählige Grundrisse. Insbesondere die Gruppe der „Selbstausbauer" wurde immer mehr aktiv und kreativ. Es wurden alte Postautos, Kleintransporter oder ganze isolierte Gemüsekoffer auf Fahrgestelle gesetzt und ausgebaut. So war es nur noch eine Frage der Zeit, wann sich die ersten professionellen Hersteller der Materie annahmen und sich die heutige, scheinbar endlose Vielzahl an Produkten und Fahrzeugen auf dem Markt präsentieren sollte, um den Hunger der Kunden nach Wohnmobilen für das individuelle Reisen zu stillen.

Wohnmobil oder Reisemobil

2

Nur eine Wortspielerei?

Ich will ja nicht sagen, dass sich hier die Gemüter streiten, aber der Anlass zu einer kleinen Diskussion verbirgt sich hier durchaus. Von Beginn an ist der Begriff „Wohnmobil" wohl die gängige Bezeichnung für das mobile Reisegefährt, denn hier wohnt man im Urlaub. Stand in den ersten Jahrzehnten vor allem die Praktikabilität des Fahrzeugs im Vordergrund und war man überhaupt stolz auf diese Errungenschaft einer modernen, unabhängigen Reiseform, wuchs mit der Zeit aber auch, ganz der Natur des Menschen entsprechend, der Wunsch nach mehr.

Evolution der Wohnmobile

Zunächst wurde die Technik weiterentwickelt. So wurde beispielsweise aus einem „Portapotti" im Laufe der Evolutionsgeschichte des Wohnmobils die Kassettentoilette, die man ganz bequem von außen leeren

Wohnen oder reisen?

Gemischte Wohnmobile auf einem Stellplatz in Frankreich.

kann. Aus dem einfachen Familienmobil, überwiegend als Alkoven gefertigt, erwuchsen teilintegrierte Fahrzeuge, bis dann fast als Speerspitze das vollintegrierte Mobil entstand (mehr zu den einzelnen Bauweisen in den folgenden Kapiteln).

Jetzt kamen wiederum die Hersteller ins Spiel, die im Laufe der Jahre den Selbstbauern die Arbeit und Tüftelei abnahmen. Für die neuen Produkte ihrer Schaffenskraft und dem daraus resultierenden Mehr an Komfort musste man sich aus der Masse abheben. So erschien in den 1980er-Jahren auf den Hochglanzprospekten erstmals das Wort „Reisemobil“. Ob damit auch eine erste Spaltung der Wohnmobilgemeinde stattfand, darüber lässt sich streiten.

Der mobile Camper

Der auf Reisen mobile Camper war geboren, und dieser besitzt ein Reisemobil. Die anderen fahren weiterhin ein Wohnmobil, in dem sie unterwegs wohnen. Mögen wir uns doch lieber der Gelassenheit hingeben und jedem das Seine gönnen. Es sollte vor allem nicht dazu führen, eine Zweiklassengesellschaft entstehen zu lassen. Denn ob ein Wohnmobil 30 Jahre alt ist und von seinen Besitzern liebevoll gehegt und gepflegt, ja sogar der nächsten Generation als Einstieg dient, oder ob es das Reisemobil der Luxusklasse ist – wir gehen doch letztendlich alle dem gleichen, wundervollen Hobby nach.

3 Wieviel Leistung muss sein?

Mit dem Wohnmobil reisen oder rasen

Wir schreiben das Jahr 1985, Tatort Großglockner Hochalpenstraße: Der 2,5-Liter-Saugdiesel mit 75 PS nimmt gekonnt im zweiten Gang die achte Kehre und wird kurz danach von einer Wanderschnecke überholt – so oder so ähnlich hörte es sich damals im Praxistest an. Sicherlich ist dies der Epoche geschuldet, denn viel weiter war die bezahlbare Motorentechnik damals eben noch nicht. Die nächste Entwicklungsstufe waren dann die Turboaggregate bis hin zum meistverkauften Treibwerk aus dem Hause Fiat, dem Ducato 2,8 JTD. Mit seinen 128 PS aus 2,8 Litern Hubraum ging es richtig vorwärts, und das auch noch bei einem akzeptablen Dieselverbrauch von zehn bis zwölf Litern. Leider hat sich in den letzten Jahren bei den Herstellern aufgrund des immer größer werdenden Drucks der Umweltvorgaben und der Einführung neuer Euro-Normen im Eiltempo viel geändert. 2,0- und 2,3-Liter-Motoren sind inzwischen Standard, genauso wie – je nach Hersteller – Leistungen von 115 bzw. 130 PS. Somit sind Geschwindigkeiten von 120 bis 140 km/h problemlos zu erreichen. Varianten von 150 PS und mehr machen noch höhere Geschwindigkeiten möglich. Allerdings macht sich das dann auch später an der Zapfsäule bemerkbar. Ein Verbrauch von 14 Litern und mehr auf 100 Kilometer ist dann keine Seltenheit.

Spitzenreiter Fiat Ducato

Eine Vielzahl von Wohnmobilproduzenten bietet in den unteren Klassen ausschließlich Fahrzeuge auf Basis des Fiat Ducato an, da die Kunden angeblich nicht bereit seien, Preisaufschläge von bis zu 10.000 Euro für ein Basisfahrzeug mit mehr Hubraum aus deutscher Produktion zu investieren. Das lassen wir mal so dahingestellt sein. Erst in der Klasse der Fahrzeuge über vier bis fünf Tonnen Gesamtgewicht hat man auch einmal die Wahl zwischen Iveco, Mercedes oder sogar MAN.

Power auf der Autobahn

Auch wenn man Wohnmobile bis 3,5 Tonnen auf der Autobahn ohne Limit bewegen kann, endet das Vergnügen vom entspannten Fahren ab Tempo 120 doch abrupt. Denn nach dem schnellen Fahren folgt bekanntlich auch das Bremsen. Und hier scheiden sich dann häufig die Geister. Gerade die Fraktion der liebevoll „Blechbüchsen“ (Kastenwagen, Vans) genannten Fahrzeuge verzichtet oft auf das schwere Fahrwerk und somit auch auf verstärkte Federn und größere Bremsanlagen. Besonders in dieser Klasse sind Fahrleistungen von 160 km/h durchaus im Bereich des Möglichen. Auch teilintegrierte Fahrzeuge verleiten zum Rasen, hat man doch das Gefühl, besonders windschnittig unterwegs zu sein. Für den „reisenden“ Wohnmobilisten sind 130 bis 150 PS allemal ausreichend. Sie erlauben ein zügiges Überholen von Lkws und bewegen sich wunderbar die Alpenpässe hinauf. Denn richtig entspannt erreicht man sein Tagesziel nur mit dem richtigen Abstand zum Vordermann und einer Geschwindigkeit, die einem zu jedem Zeitpunkt das Gefühl gibt, sein Wohnmobil zu 100 Prozent im Griff zu haben. Übrigens, ab 3,5 Tonnen Gesamtgewicht heißt es auf der Autobahn sowieso: Tempo 100!

6 Zylinder, 550 PS, 270 km/h schnell

Wie groß soll es sein?

Die beeinflussenden Faktoren

4

Eine Szene während des Caravan Salon Düsseldorf, der weltweit größten Messe für Caravaning und mobile Reisefahrzeuge. Kunde: „Wir suchen ein Wohnmobil bis sechs Meter Länge." Verkaufsberater: „Warum genau bis sechs Meter Länge?" Kunde: „Weil unser Platz auf dem Hof nicht länger ist." Tja. Damit ist dann auch jede weitere Nachfrage nahezu im Keim erstickt. Denn das gute Stück muss ja Zuhause auf dem eigenen Grundstück, immer erreichbar und in Blickweite, untergebracht sein, basta!

Bloß nicht verkaufen

Da spielt es auch keine Rolle, welches Hobby man hat oder welche Schlafgewohnheiten gewünscht sind. Ob dies aber der richtige Weg ist, sein Traummobil zu finden? Denn nichts ist bitterer, als ein Wohnmobil der falschen Größe zu kaufen. Gerade bei einer Neuanschaffung kommt es in den ersten zwei Jahren schnell zu einem Wertverlust von 30 Prozent des Neupreises. Besonders die Freizeitaktivitäten sollten eine große Rolle bei der Auswahl spielen. Der Wanderer hat es da relativ einfach. Platz für die Regenjacke, den Rucksack und ein paar Wanderschuhe findet man überall. Ganz anders sieht es da für den Taucher, Radfahrer oder Motorroller-Enthusiasten aus. Muss es eine Garage sein, reichen Traglast und Zuladung aus oder möchte man sogar einen Pkw auf dem Anhänger mitnehmen? Gerade

Wohnmobilaufbau auf Pkw

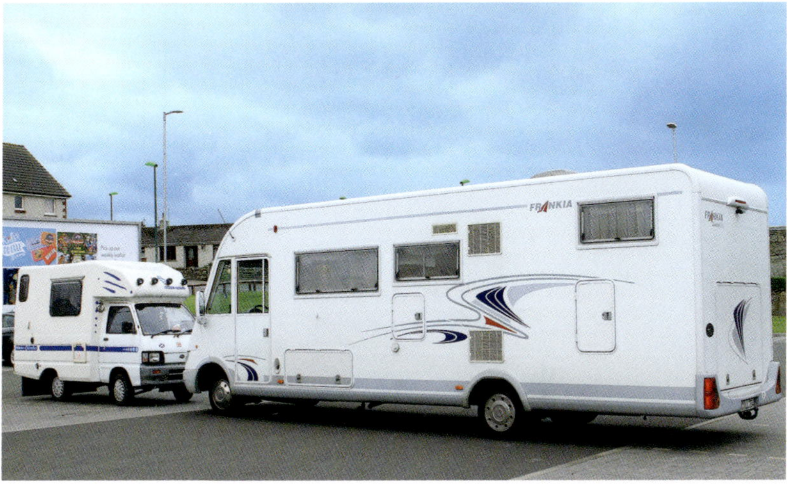

Groß und klein vereint – 8 Meter zu 4 Meter

für Neueinsteiger ist ein Urlaub im Mietmobil oder dem von Freunden oder Bekannten die sicherste Lösung und eine gute Investition. Sind Sie in ihrem bisherigen Leben vielleicht noch nie mit Camping in Berührung gekommen?

Die Qual der Wahl

Dann gibt es dazu überhaupt keine Alternative. Denn ihr Urlaub und ihre Gewohnheiten werden sich mit dieser neuen „Art des Wohnens“ vertraut machen müssen. Sollten Sie also dabei feststellen, dass Sie lieber in den „eigenen vier Wänden“ duschen möchten als die vorhandenen Sanitäranlagen zu nutzen, beeinflusst dies die Auswahl des Bades. Wollen Sie viel frei stehen, beeinflusst dies ihre Wasser- und Batteriekapazitäten, um eine gewisse Autarkie zu erreichen. Sind Sie Surfer, beeinflusst dies die Auswahl der Stauräume. Haben Sie drei oder mehr Kinder, beeinflusst dies die Größe in Bezug auf die Anzahl gut nutzbarer Schlafplätze. Haben Sie einen oder mehrere Hunde, beeinflusst dies je nach Größe der Vierbeiner ihren Platzbedarf an Innenraum und Staufläche für Futter, Hundebetten oder gar den Fahrradanhänger. Dieses Spiel ließe sich nun beliebig fortsetzen. Vergessen Sie aber auch nie, dass ihr Reiseziel oder das Wetter Sie vielleicht dazu zwingen können, innen mehr Zeit als draußen zu verbringen. Dann ist es schön, wenn jeder die Möglichkeit hat, sich ein wenig Freiraum zu schaffen. Aber ich denke, Sie merken schon, dass nicht allein die Größe ihres Parkraumes Einfluss auf die Auswahl des Wohnmobils haben darf.

Das kleinste Wohnmobil

5

Alkovenmobil auf Piaggio Ape

Wie heißt es so schön: „Platz ist in der kleinsten Hütte“. Nicht ohne Grund ist die Zahl der kompakten Wohnmobile deutlich gestiegen. Neben dem Boom der sogenannten Vans, zu Deutsch besser als Kastenwagen bekannt, wird immer wieder mit Wohnkabinen experimentiert, die dann sogar auf Pkws aufgesetzt werden. Ein besonders kleines und gelungenes Exemplar ist eine Wohnzelle, die auf Kundenwunsch von der Lehrwerkstatt der Firma Dethleffs in Isny entworfen und angefertigt wurde. Als Basis diente hier ein Dreirad des italienischen Herstellers Piaggio, die Ape.

Raumwunder in Vollendung

Ein herkömmliches Alkovenmobil wurde verkleinert und auf das 10 PS starke Piaggio-Dreirad gesetzt. Der optimale Innenausbau erlaubt auf 2,55 Metern Länge und 1,50 Metern Breite das Verstauen der Ausrüstung in ordentlichen Schränken sowie geruhsames Schlafen auf einer 2x1-Meter-Matratze. Auch auf ein kleines Waschbecken mit Wasservorrat braucht man nicht zu verzichten! Der gesamte Aufbau wiegt dabei nur 175 Kilogramm und das Gefährt hat einen Verbrauch von knapp vier Litern auf 100 Kilometer. Ähnliches bietet auch die Firma Schneckenhaus an – welch passender Name!

Oben:
Abgesetzter Wohnkabinenaufbau
Links:
Viel kleiner geht kaum noch!

6

Das größte Wohnmobil

Neoplan Doppeldeckergelenkbus

Klein ist nett anzuschauen, aber es ist doch immer schwer vorstellbar, wie man es wirklich nutzen kann. Aber auch wenn das Gefährt zu groß wird, erntet man gern Kopfschütteln. Ausprobieren würden es aber dennoch viele gern einmal. Sicherlich kennt man aus den USA Wohntrailer, die von Lkws gezogen werden. Diese gibt es dann mit ausfahrbaren Wänden und Decken mit bis zu 50 Quadratmetern Fläche. Die größte Spezies eines selbstfahrenden Exemplars ist wohl ein Neoplan Doppeldeckergelenkbus mit einer Länge von 18 Metern!

Größe in jeder Lage

Neben der Länge stehen noch vier Meter Höhe und eine Breite von 2,50 Metern zur Verfügung. Der Motor sorgt mit seinen 441 PS für ausreichend Vortrieb. Da hier alle Dimensionen die Vorstellungskraft sprengen, stehen allein ca. 20 Quadratmeter Abstellfläche zur Verfügung. Bei einem Gesamtgewicht von 28 Tonnen ist auch für eine ausreichende Zuladung gesorgt. Neun Sitzplätze, drei Schlafzimmer mit je 2x2-Meter-Doppelbetten sowie weitere Gästekojen und eine 30 Quadratmeter große Dachterrasse komplettieren das Raumangebot. 670 Liter Frischwasser versorgen Bad, Dusche, das Gäste-WC, die Designerküche und die Bar. Zu sehen ist das ganze bei Mario Röttgen in der Nähe von Kulmbach.

18 Meter bieten Platz für alles.

Der Stellplatz

7

Eigentlich eine gute Idee

Am Anfang war das Wohnmobil, der Wunsch, frei und unbeschwert zu nächtigen und den Urlaub zu verbringen, ohne einen Campingplatz nutzen zu müssen. Dass diese Variante natürlich auch sehr kostengünstig war, freute die Protagonisten umso mehr. Mit zunehmender Zahl der „Sonderkraftfahrzeuge Wohnmobil" stieg das Problem der Ver- und Entsorgung und leider auch die Zahl derjenigen, die auf Parkplätzen wilde Müllhalden hinterließen. Waren 1980 noch 50.000 Wohnmobile unterwegs, so wurden allein im Rekordjahr 1991 56.000 Wohnmobile neu zugelassen!

Geburtsstunde des Stellplatzes

Campingplatzbetreiber wollten nicht länger nur als Durchgangsstation dienen und nahmen zwangsläufig die ersten Gebühren für diese Leistung. Zeitgleich entdeckten die ersten Gemeinden landauf und landab, dass diese unkomplizierten Gäste Geld in die Kassen brachten, sei es beim Einkauf, in der Gastronomie oder an der Tankstelle. Einige Gemeinden und Städte gaben Flächen frei und sorgten für entsprechende Entsorgungsmöglichkeiten. Private Initiativen entwickelten sich. Der Stein kam hier vor allen Dingen nach französischem Vorbild ins Rollen. Die meisten Stellplätze waren kostenlos oder verlangten geringe Gebühren von fünf bis acht DM. Stellplätze bei Winzern, an Häfen oder auf Festplätzen, die nur temporär genutzt wurden, folgten. Die Ausstattungsvarianten entwickelten sich ebenfalls mit dem Angebot von Strom und Frischwasser weiter. Die freie Stellplatzwahl wurde zunehmend von parzellierten Plätzen abgelöst, da der Wohnmobilist den Stellplatz des Öfteren mit einem Campingplatz verwechselte. In den letzten Jahren ist dieses Phänomen häufiger zu erleben, wie diese Anfrage in einem Internetforum

Der perfekte Stellplatz.

Nicht alles, aber schöne Aussicht für fünf Euro.

zeigt: „Suche im Herbst einen einfachen Stellplatz in der Nähe von ..., Toilette und Dusche sind als Ausstattung ausreichend.“

Wieviel Stellplatz muss es sein?

Viele eingefleischte Wohnmobilisten bedauern diese Entwicklung. Dabei bietet das moderne Wohnmobil eine Ausstattung, die nur noch wenige Wünsche offen lässt. „Ja, wir benutzen die Dusche in unserem Wohnmobil“, lautet da oft die Antwort, bitte nicht mehr fragen! Doch es entstehen immer mehr Plätze mit Duschen, Toiletten, Aufenthaltsräumen, Wellnessoasen bis hin zum Fernsehempfang (wenn keine Bäume im Weg sind), mit Imbiss oder Restaurant. Bei einigen Stellplätzen wartet man eigentlich nur noch auf die Einführung des „All Inclusive“-Bandes. Dies sind natürlich Investitionen, die kosten und bezahlt werden müssen. Stellplatzgebühren zwischen zwölf und 18 Euro werden in naher Zukunft normal sein und keine Seltenheit mehr. Hier sollte dringend wieder ein Umdenken stattfinden, denn für all diese Annehmlichkeiten hat man schon vor vielen Jahren etwas erfunden – den Campingplatz! Allein der Bordatlas 2017 der Zeitschrift Reisemobil verzeichnete 6.200 Stellplätze in ganz Europa.

Erfolgreich frei stehen

8

Günstigste Form der Übernachtung

In der Urform des Wohnmobilurlaubs gab es genau zwei Möglichkeiten: Man übernachtete, wo es einem gefiel, oder steuerte einen Campingplatz an. Jahrzehntelang war es zum Beispiel in Griechenland üblich, sich an einem Strandparkplatz niederzulassen und dort einen campingähnlichen Urlaub zu verbringen. Es wurde eine Wasserversorgung organisiert, die Toilette wurde in einer Taverne oder an einer Tankstelle entsorgt – weitere Beispiele führen wir hier bewusst nicht an. Markise, Sonnensegel, Tisch und Stühle kamen zum Einsatz, bis eventuell eine Räumung durch die Ordnungskräfte stattfand. So oder so ähnlich hat es sich an vielen Orten in Europa zugetragen. Aktuell mag dies noch auf Stellplätzen in Spanien oder Portugal möglich sein oder ganz im Süden Italiens, aber auch hier wird dies zusehends nicht mehr geduldet.

Eine Nacht ist erlaubt

Heute gilt meist nur noch die Regel: eine Übernachtung zur Wiederherstellung der Fahrtüchtigkeit, das Ganze aber ohne Einsatz der Campingausrüstung, also keine Markise, Tisch und Stühle, auch keine Generatoren zur Stromerzeugung. Mit dieser Ausnahmeregelung wird die eine

Tipps für eine kostenfreie und angenehme Nachtruhe:

- Waldparkplätze außerhalb von Ortschaften, besonders gut mit zwei Wohnmobilen
- Parkplätze an Friedhöfen, liegen oft in Ortsnähe
- Einkehr am Gasthof (mit Parkplatz), wenn man nicht vorhat, zu kochen
- Parkplätze an Freischwimmbädern oder Freizeitbädern, im Sommer Gelegenheit für eine Erfrischung
- Parkplätze an Sportanlagen allgemein (Fußballplatz, Tennisanlage, Golfplatz etc.), sehr hohe Akzeptanz auch bei Nutzern
- Parkplätze an Burgen, Schlössern und Museen, besonders, wenn diese am nächsten Tag besichtigt werden
- Festplätze von Städten und Gemeinden, wenn dort keine Veranstaltung ist

Was nicht verboten ist …

oder andere Übernachtung zu überbrücken sein, ob dies dann aber ein Urlaub ist, möge jeder für sich selbst entscheiden. Gerade in Ländern wie Österreich, der Schweiz und Kroatien ist selbst diese Regelung häufig sehr strittig.

Auch ist es nicht verboten, Eigentümer von Grundstücken um Erlaubnis zu fragen. Ganz im Gegenteil, so wurde ich in Apulien in einer Taverne von einem Einwohner zur Übernachtung auf seinem Grundstück eingeladen!

Für all diese Tipps gilt:

- Es wird niemand belästigt.
- Wir hinterlassen nichts, am besten noch nicht mal eine Reifenspur.
- Jede Form von Camping ist zu unterlassen.
- Es gibt kein Verbots- oder Hinweisschild, welches das Stehen für eine Nacht explizit untersagt.

Der Campingplatz

Die klassische Form der Übernachtung

9

Der Klassiker für die Übernachtung und einen erholsamen Urlaub ist und bleibt der Campingplatz. Immer mehr Plätze in Deutschland und Europa haben sich auf die Bedürfnisse des Wohnmobil-Campers eingestellt und bieten beispielsweise spezielle Areale für Wohnmobile an. Ansonsten steht natürlich eine Anmietung der normalen Campingparzellen zur Auswahl. So unterschiedlich die Wohnmobile sind, so unterschiedlich sind auch die Bedürfnisse ihrer Insassen. Aber keine Sorge, die Campingindustrie hat sich hervorragend auf ihre Kunden eingestellt und bietet heute wirklich alles!

Das schönste ist: Beim Verlassen seiner „Unterkunft" muss nicht alles verstaut werden und man kann sich meist wunderbar ausbreiten. Gerade bei Aufenthalten von mehr als drei Tagen ist das ein toller Luxus. Auch wenn es

Campingidylle in der Normandie

Perfekte Lage am Neckar

immer wieder sehr vorsichtige Menschen gibt, kann ich Ihnen sagen, dass in meiner Camping-Karriere noch nie etwas abhandengekommen ist!

Große Vielfalt

Wie schon gesagt, ist die Auswahl an Campingplätzen in Europa sehr vielfältig, genauso auch die Preisgestaltung. Besonders die südlichen Reiseländer wie Italien oder Spanien haben in der Hauptsaison doch schon sehr umfangreiche Gebührenlisten. Für eine Familie mit zwei Kindern sind da schnell mal 50 Euro und mehr pro Tag angesagt. Dafür ist eine Übernachtung auf einem Camping Municipal (meist im Eigentum der Gemeinde) in Frankreich schon mal für 15 Euro möglich. Sicherlich spielen die Ausstattung und das Angebot der Campinganlage oftmals eine große Rolle. Darum prüfe, wer sich bindet, ob man wirklich alles in Anspruch nehmen will und kann. Wir empfehlen Ihnen, sich den Campingplatz, bevor Sie einfahren, erst einmal anzusehen, ähnlich, wie man es auch bei einem Hotelzimmer machen würde. Eigentlich ist mir kein Fall bekannt, in dem mir das verwehrt wurde. Ganz im Gegenteil, manchmal erhalten Sie dazu von der Rezeption noch eine Liste der freien Plätze. So treffen Sie immer die richtige Wahl, denn Sie sehen dabei auch schon ihre künftige Nachbarschaft!

Wer braucht das?

10 Längster Wohnmobil-Konvoi der Welt

2003 fanden sich in Italien insgesamt 672 Wohnmobile und Caravan-Gespanne ein, um den längsten Camper-Konvoi der Welt zu bilden. Eine beachtliche Leistung, die schließlich mit einem Eintrag ins Guinness Buch der Rekorde belohnt wurde. Umso verwunderlicher, dass die weltberühmteste Wettgemeinschaft der Welt (ich meine die britischen Bürger) sich dieser lohnenden Aufgabe noch nicht angenommen hat und den Rekord nicht schon längst auf die Insel geholt hat.

Start für den neuen Versuch

Somit war es Deutschland vorbehalten, sich dieses Themas anzunehmen. Ein erster Versuch scheiterte 2016 so kläglich, dass es bereits im Vorfeld zur Absage kam, wobei der altehrwürdige Nürburgring bestimmt eine tolle Kulisse gewesen wäre. Ein Jahr später startete also der neue Versuch. Zu Beginn etwas holprig, nahm die Organisation dann richtig Fahrt auf. Man kann sich ja nicht so einfach treffen und losfahren, das wäre viel zu leicht. In deutscher Manier mussten zunächst Genehmigungen ein-

„Warten auf Godot"

Der größte „Wohnmobil-Bandwurm" der Welt

geholt und der Ort des Geschehens ausgesucht werden. Es wurden Sponsoren gesucht, Merchandising mit Aufkleber, Kappe und Kaffeetasse wurden benötigt. Nach Anmeldung und Zahlung von Startgebühren fanden sich 700 (!) Wohnmobilbesatzungen in und um Walldürn im Neckar-Odenwald-Kreis ein, um so richtig auf die Pauke, Entschuldigung: den Konvoi zu hauen.

Dann war es so weit: Der Tag X warf seine Schatten voraus, Straßen wurden gesperrt, die Wohnmobile an einer mehr als 30 Kilometer langen Perlenschnur aufgereiht und auf Kommando in Bewegung gesetzt. So weit so gut, und es hätte bestimmt geklappt, wenn, ja: Wenn einige das Wichtigste nicht vergessen hätten – das Fahren!

Pech gehabt

Nach den Regularien der Herren vom Guinness Buch der Rekorde musste ein bestimmter Abstand eingehalten werden, damit der Eintrag in das Buch der Bücher auch hätte zustande kommen können. Schade, dass einige irgendwie ihren Einsatz verpasst haben! Doch davon lassen wir uns die gute Laune nicht verderben, dachte sich das Organisations-Komitee, und kündigte schon eine Neuauflage an. Mein Vorschlag wäre jetzt, im Sinne der Umwelt die Wohnmobile zu schieben, denn das hat es bestimmt noch nicht gegeben!

Die CO_2-Bilanz

11

Wie stehen wir da im Vergleich?

Jede Übernachtung, jeder Urlaub, jeder Flug belastet unsere Umwelt auf die verschiedensten Weisen. Daraus entsteht in der Gesamtheit aller weiteren Lebensumstände (Wohnen, Essen etc.) der sogenannte „ökologische Fußabdruck", der nach Auswertung der persönlichen Daten eine Summe an verbrauchtem CO_2 auswirft. Das Ganze hört sich zunächst kompliziert an, ist es aber gar nicht, wenn man es auf der Seite des Umweltbundesamtes (www.umweltbundesamt.de) nachliest. Hier können Sie sogar in fünf Minuten Ihren persönlichen Fußabdruck errechnen.

Gut für die Umwelt: ein Wohnmobil

Doch zurück zu der Frage, die uns als Wohnmobilfahrer besonders interessiert: Wie schneidet unser Verbrauch in den Augen der Umwelt ab? Da müssen wir uns alles andere als schämen. Haben wir unser Reiseziel

Nur Zelten kann die Öko-Bilanz toppen.

So beliebt und so preiswert!

erst mal erreicht, ist eine Camping- oder Wohnmobilübernachtung kaum noch zu toppen. Unser Kohlenstoffdioxid- oder Kohlendioxid-Ausstoß beträgt nur ein Fünftel einer Hotelübernachtung (2,8 zu 14 Kilogramm). Ähnlich verhält es sich mit dem Stromverbrauch, der bei 8,6 zu 37,7 kwh steht. Wird dieser Strom jetzt auch noch alternativ mit Solarzellen erzeugt, ist diese Bilanz noch weit positiver.

Lassen Sie für einen Urlaub mit dem Wohnmobil eine Flugreise ausfallen, können Sie noch beruhigter an der Zapfsäule stehen. Denn schon ein Flug nach Los Angeles und zurück verbraucht in der Summe mehr als 50 Prozent des durchschnittlichen Jahresverbrauchs in Bezug auf den CO_2-Ausstoß eines Deutschen (Quelle: Bundesumweltamt Statistik 2015). Fans von Kreuzfahrten sei übrigens noch gesagt, dass sie ca. acht Liter Schweröl auf 100 Kilometer verbrauchen. Zum Vergleich benötigt eine vierköpfige Familie im Alkovenmobil also ca. drei Liter Diesel bei einem Durchschnittsverbrauch von 12 Litern Diesel je 100 Kilometer. Natürlich gibt es noch weitaus günstigere Urlaubsformen, auf die ich hier nicht näher eingehen möchte. Lassen Sie mich nur so viel fragen: Wer möchte schon gerne immer Urlaub auf Balkonien machen?

Strom aus der Steckdose

Doch wie findet er seinen Weg dahin?

12

Grundsätzlich kommt auch beim Wohnmobil der Strom aus der Steckdose, jedoch in einer anderen Stärke und aus einer kleineren, denn die gesamte Bordversorgung basiert auf 12 Volt Strom. Das heißt, alle Geräte müssen mit dieser Grundversorgung zufrieden sein. Die 220-Volt-Steckdosen funktionieren nur, wenn sie mittels „Landstrom" damit versorgt werden. Schon so mancher Neuling hat morgens freudestrahlend seine Kaffeemaschine in Funktion setzen wollen, ohne jedoch mit dem erhofften Duft von frischem Kaffee verwöhnt zu werden. Das gleiche gilt für Ladekabel von Kommunikationsgeräten oder ähnlichem. Wenn das Fahrzeug nicht am Landstrom angeschlossen ist, kann man Geräte mit geringer Leistung mittels eines kleinen Wechselrichters (dieser wandelt 12-Volt-Strom in 220 Volt um) betreiben. Besonders Ladegeräte für Mobiltelefone oder Tablets sind dafür bestens geeignet.

Die meisten anderen Stromverbraucher werden von Herstellerseite bereits als 12-Volt-Funktionsgeräte installiert. Hierzu gehören Fernseher,

Vor Anker am Landstrom

Der Wechselrichter bietet 220 Volt für unterwegs.

automatische Satellitenanlagen, Dachlüfter, Heizung (für Lüfter und Pumpen, Heizbetrieb mit Gas oder 220 Volt), Beleuchtung oder kleine Motoren, zum Beispiel für elektrische Rollos, Treppenstufen oder Markisen. Absorberkühlschränke lassen sich mit 12 Volt (nur während der Fahrt zu empfehlen), 220 Volt und Gas betreiben, im Gegensatz dazu der Kompressorkühlschrank nur mit 220 Volt.

12 Volt oder 220 Volt?

Viele dieser Geräte unterscheiden sich vor allem in einem, den Anschaffungskosten. Auch die Robustheit ihrer Geräte lassen sich die Hersteller, oft zu Recht, gut bezahlen, denn die Bewegungen und Vibrationen, denen man die elektrischen Geräte während der Fahrt aussetzt, sind erheblich. Diese ganzen Elektrizitätsverbraucher bestimmen die Kapazität unserer Bordbatterien. Bei der Art und Weise, wie man diese wieder lädt, gibt es verschiedene Wege: über die Lichtmaschine während der Fahrt, über den Ladeblock am Landstrom mit 220 Volt oder stetig beispielsweise über Solaranlagen (zur alternativen Stromversorgung in späteren Kapiteln mehr).

Wichtig ist für Sie jetzt nur, dass Sie sich verinnerlichen, dass der Bordstrom ein hohes Gut ist und Sie mit diesem je nach Standzeit vernünftig umgehen sollten, da er leider endlich ist – was sich oft mit einem sonoren Alarm-Ton ankündigt!

Alternative Stromversorgung

13

Fast wie Strom aus der Steckdose

Da nun bestimmt die eine oder andere Frage im Raum stehen geblieben ist, möchte ich den weiterführenden Abschnitt doch gleich folgen lassen. Werksseitig werden die meisten Wohnmobile mit Bordbatterien in einer Kapazität von 80 bis 100 Amperestunden (Ah) ausgestattet. Damit steht eine Grundkapazität für die Betriebsdauer elektrischer Geräte zur Verfügung, die meist nicht ausreichend ist. Nicht umsonst findet sich in der Aufpreisliste der Hersteller eine zweite Aufbaubatterie oder sogar eine Solaranlage, womit wir mitten im Thema sind. Die alternative Stromversorgung ist für autarkes, freies Stehen unerlässlich. Selbst auf einem Stell- oder Campingplatz kann man viel Geld sparen, denn Strom zahlt man oft extra und teuer, am Automaten gern mal 50 Cent und mehr für eine Kilowattstunde oder einen Euro für eine gewisse Stundenzahl, auf dem Campingplatz oft eine Pauschale zwischen drei und sechs Euro am Tag. In Frankreich beispielsweise kommen so bei einem 14-tägigen Urlaub schnell mal mehr als 100 Euro zusammen!

Die Sonne versorgt uns

Die einfachste und günstigste Form ist die Stromversorgung durch die Sonne. Die Solarpanele nehmen die Sonnenenergie auf und wandeln sie in elektrische Energie um, die dann in den Batterien gespeichert wird. Je größer die Aufnahmekapazität der Solarpanele, desto geringer kann auch die direkte Sonneneinstrahlung sein. Auf diese Art und Weise kann man selbst im Winter, wenn die Sonnenscheindauer geringer ist, gute Ergebnisse erzielen. Das Steuergerät der Solaranlage kann hierbei sogar die Starterbatterie mit Ladung versorgen. Lassen Sie sich einfach von einem Fachbetrieb den Strombedarf ihrer Verbrauchergeräte errechnen, daraus ergibt sich dann die Größe der Solarmodule.

„On board", der Diesel-Generator

Solarmodul für autarkes Stehen

In den vergangenen Jahren wurde die Brennstoffzelle als Energiespender immer weiterentwickelt. Sie erzeugt mittels einer chemischen Reaktion von Methanol und Sauerstoff elektrische Energie für die Batterie. Sie arbeitet relativ geräuschlos, benötigt aber natürlich die Versorgung durch die Methanol-Tankpatrone. Alles zusammen wiegt ca. 17 Kilogramm.

Der Stromgenerator

In den USA ist der Stromgenerator als On-Bord-Variante Standard. In diesem Fall ist er in den Fahrzeugen fest und vor allem geräuschisoliert verbaut. Für mich es mit Verlaub die schlechteste Art Strom zu erzeugen. In unseren Breitengraden werden die Generatoren jedoch meist als externes Gerät betrieben, und wer einmal als Nachbar einen dieser Generatoren hatte, kann das bestimmt gut nachvollziehen! Noch seltener sind Windräder an Wohnmobilen, die sehr uneffektiv sind und sich beispielsweise als Unterstützung der Solaranlage eignen sollen.

Die Anschaffung einer Solaranlage ist empfehlenswert und wird sich nicht nur binnen kürzester Zeit amortisieren, sondern lässt vor allen Dingen durch das gewonnene Plus an Unabhängigkeit neue Horizonte entdecken.

Nichts ist unmöglich

Das Freizeitmobil

14

Wie oft habe ich schon Sätze gehört wie „Ein Wohnmobil lohnt sich für uns nicht, da wir zu wenig Urlaub haben." oder „Wenn wir in einigen Jahren nicht mehr arbeiten müssen, kommt das für uns eher in Frage." Da lassen wir einfach ein paar nackte Zahlen sprechen: 52 Wochenenden sind 104 Tage. Wir haben durchschnittlich 26 Urlaubstage pro Jahr. Es gibt in Deutschland jährlich etwa zehn gesetzliche Feiertage, je nach Bundesland. Das ergibt zusammen 140 Tage jährlich, über die wir frei verfügen können, und darum wird uns so manches Land auf diesem Erdball bestimmt beneiden. Machen Sie sich von dem Gedanken frei, dass Sie sich ein Urlaubsmobil anschaffen. Sie kaufen ein Freizeitmobil, einen, wenn Sie wollen, ständigen Begleiter, der Ihnen für viele Dinge zur Verfügung steht.

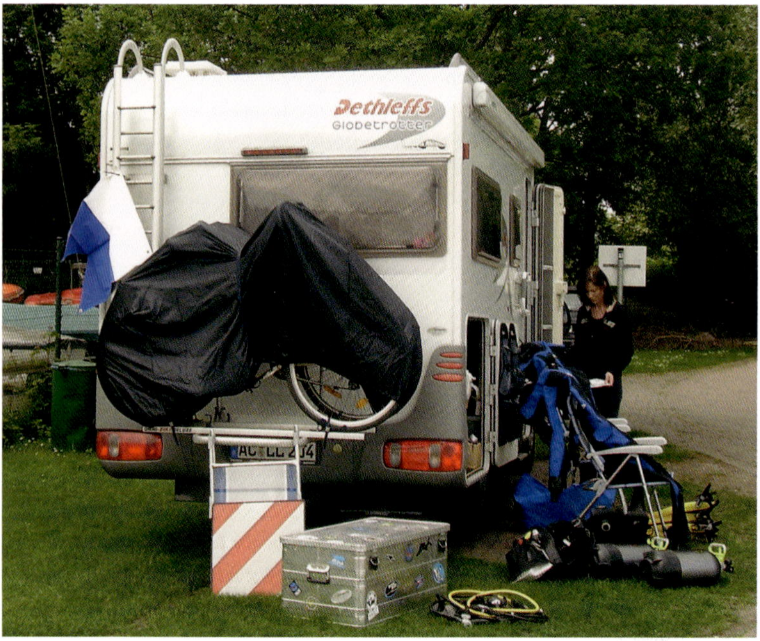

Das Wohnmobil als Freizeitbegleiter

Auch der rote Liebling kann mit

Immer die richtige Basis

Taucher, Wassersportler, Radfahrer, ja, selbst Marathonläufer möchten nach dem Training oder Wettkampf nicht mehr auf ihre „Basis" verzichten. Nach dem Winterspaziergang ein warmes Getränk in wohliger Wärmer – einfach herrlich. Wenn Sie das nächste Mal bei ihren Freunden zum Grillabend eingeladen sind, müssen Sie sich keine Gedanken machen, wer an diesem Tag kein Gläschen Wein genießen darf, da Sie einfach dort übernachten! Überhaupt sind Sie mit ihrem rollenden „Heim" ein gern gesehener Übernachtungsgast. Sie fahren spontan zu Veranstaltungen, ohne die Sorge, ob Sie noch ein Zimmer bekommen. Bei Ihrem nächsten Großeinkauf bei einem bekannten schwedischen Möbelhaus nutzen Sie ihre mobile Garage oder auch den Wohnraum, um Sperriges zu verstauen. Vielleicht benötigen Sie zukünftig keine Reiselimousine mehr, da Sie längere Strecken am liebsten nur noch im Wohnmobil fahren. Und viele Hundebesitzer wissen gar nicht, wie Sie so viele Jahre ohne Außendusche ausgekommen sind!

Lieber heute als morgen

Dann sei allen, die lieber noch ein paar Jahre warten wollen, gesagt: Je eher, desto besser. Sie bekommen einfach früher das richtige Gefühl für Handhabung und Größe des Fahrzeugs. Sicherheit und Vertrautheit sind im Alter ein ganz wichtiger Faktor. Nicht umsonst verweilen immer mehr Wohnmobilisten in den Wintermonaten im sonnigen Süden. Dafür sollte einem der Umgang in Fleisch und Blut übergegangen sein. Hinzu kommt, dass im Laufe der Jahre oft mobile Freundschaften entstanden sind, mit denen man wunderbar gemeinsame Erlebnisse teilen kann.

Was kostet ein Womo-Urlaub?

„Dafür kann man ja zehn Jahre …!"

15

Diese Argumentation ist sicherlich etwas kurzfristig gedacht, oder haben Sie sich schon mal die Mühe gemacht, alle Urlaubskosten ganz ehrlich aufzulisten und durch die Anzahl der gereisten Tage zu teilen? Dann werden Sie schnell sehen, wie hoch die Kosten pro Person und Urlaubstag effektiv sind. Selbstverständlich sind die Anschaffungskosten für ein Wohnmobil nicht unerheblich, doch auch in einen Pkw werden schnell mal 25.000–60.000 Euro investiert – eine Preisklasse, in der Sie einen wunderbaren Einstieg in das unabhängige, mobile Reisen finden werden. Den höchsten Wertverlust hat ein Wohnmobil in den ersten drei Jahren, er liegt dabei bei ca. 30 Prozent, bevor es sich dann in den nächsten sieben Jahren sehr wertstabil zeigt. Im Laufe der Zeit, wenn Sie ihr Reisemobil regelmäßig und nicht nur für die Urlaubszeit nutzen, spielt es seine wahre Qualität und Kosteneffizienz aus. Ganz davon abgesehen werden Sie es lieben, sich in Ihren eigenen Betten niederzulassen und nicht vor der Buchung eines Hotels erst einmal die Erfahrungsberichte im Internet durchforsten zu müssen, ob die Prospektwelt wirklich stimmt.

Urlaubskosten pro Tag

In Zahlen gefasst, kostet eine 20-tägige Rundreise über den griechischen Peleponnes mit dem Wohnmobil inklusive Fähre, Treibstoff, Übernachtungen, Essen, Eintritte für Besichtigungen und sonstige Ausgaben für Souvenirs oder ähnliches ca. 74 Euro am Tag. Eine 20-tägige Rundreise durch Schottland mit den gleichen Leistungen liegt bei ca. 90 Euro am Tag. Ein 14-tägiger Urlaubsaufenthalt auf dem Fünf-Sterne-Luxus-Campingplatz am Hopfensee (unter den „Leading Campings of Europe") kostet für zwei Personen inklusive Camping mit Wellness, Hallenbad, Kurabgabe, Strom und umfangreichem Inklusivprogramm 550 Euro. Dazu kommen die Anreise, persönliche Ausgaben und Essen. Somit kann man mit dem Wohnmobil einen traumhaften Luxusurlaub für schon 80 Euro am Tag verleben. Sicherlich sind hier nicht der Wertverlust, die Kosten pro Kilometer oder ähnliches eingerechnet. Aber mal ganz ehrlich, wer macht das schon mit seinem Pkw als Zubringer zum Flughafen oder überhaupt im Urlaub mit dem Auto. Das Besondere ist und bleibt schließlich der Kurzurlaub in der näheren Heimat. Ziehen Sie doch einmal einen Kreis von 100 Kilometern um Ihren Wohnort und sehen Sie genau hin, welch reizvolle Orte in der Nähe auftauchen können. So kostet Sie ein solcher Aufenthalt nicht mehr als nur den Kraftstoff, wenn es einen Stellplatz ohne Gebühr gibt. Denn gänzlich kostenlos ist ein Aufenthalt zu Hause schließlich auch nicht.

Was kostet ein Reisetag wirklich?

Traumziele in Europa 1

Die Nr. 1 der letzten Jahre: Skandinavien

16

Komischerweise zog es im letzten Jahrzehnt immer mehr Wohnmobilisten Richtung Skandinavien. Waren es in den 1970er- und 1980er-Jahren die südlichen Länder um das Mittelmeer wie Spanien oder Griechenland – natürlich aufgrund ihrer klimatischen Bedingungen, besonders auch im Herbst und Frühling –, so wurden die Ziele Norwegen und Schweden, vor allem im Sommer, immer attraktiver. Ob dies nun an den Folgen des Klimawandels oder der immer besser werdenden technischen Ausstattung der Wohnmobile liegt, vermag ich nicht zu sagen. Sicherlich waren es aber nicht zuletzt die Erzählungen der Reisenden, die von den einsamen Landschaften, dieser Natur, dem Hauch von Abenteuer und Freiheit schwärmten. Auch die Geschichten Astrid Lindgrens vom Michel aus Lönneberga oder Pippi Langstrumpf, in den sanften Hügeln von Småland, werden ihren Teil dazu beigetragen haben. Die Möglichkeiten der Anreise sind heute vielfältiger geworden: erholsame Fähranfahrt nach Oslo oder Göteborg, spektakuläre Brückenverbindung zwischen Dänemark und Schweden oder die Schnellfähre von der Nordspitze Dänemarks in nur zwei Stunden nach Kristiansand in Norwegen.

Jedermannsrecht für alle?

Das Zauberwort „Jedermannsrecht" hat dann sein Übriges dazu beigetragen. Was für eine Vorstellung: stehen bleiben und übernachten wo man will. Doch ganz so ist es leider nicht mehr. Mit der wachsenden Zahl der wilden Camper gab es in den letzten Jahren eine Klarstellung bzw. Revision dieses Gesetzes. Der Anstieg der Übernachtungszahlen auf Campingplätzen und auch die Entstehung immer neuer Wohnmobilstellplätze zeigen, der Wohnmobilfahrer hat begriffen, dass er nicht überall die Nacht verbringen kann. Sicherlich gibt es auf der Route Richtung Nordkap noch viele Plätze, an denen man geduldet eine Nacht stehen bleiben kann.

Faszination norwegische Fjordlandschaft

Am Leuchtturm in Dänemark

Auch gibt es nach wie vor die Möglichkeit, den Eigentümer eines Grundstücks um Erlaubnis zu fragen, soweit dieser zu erkennen bzw. zu ermitteln ist. Da hilft so manches Mal eine Nachfrage an der nächsten Tankstelle. Gerade in den Küstenbereichen bieten sich auch kleinere Hafenanlagen für eine Übernachtung an.

Beste Reisezeit

Besonders attraktiv ist der Zeitraum der Sonnenwende von Anfang Juni bis Mitte Juli, wenn das Tageslicht bis weit in die Nacht reicht. Die dünn besiedelten Gebiete nach Verlassen der Großstadtbereiche laden einfach ein zum Wandern, Radfahren und zum Seele baumeln lassen, wie man es bei uns einfach nur noch ganz selten finden kann. Weiter nördlich geht das Empfinden von störenden Umweltgeräuschen gegen Null: Es gibt nahezu keine Autobahnen, Zugstrecken oder Flugrouten, die ständig an die Zivilisation erinnern. Zu dieser Zeit ist auch der Lebensrhythmus der Menschen ein ganz anderer. Die dunkle Jahreszeit ist vorüber und nicht nur die Natur blüht förmlich auf. Mein ganz besonderer Tipp: der Besuch einer der traditionsreichen Sonnenwendfeiern, bei denen Gäste herzlich willkommen sind. Neben ursprünglichen Bräuchen und Trachten lernen Sie auch die einheimische Küche kennen. Übrigens: Nur 20 Prozent aller Skandinavier haben in ihrem Leben schon einmal einen Elch in freier Wildbahn gesehen!

Übernachtungs-Hits in Europa

Günstige Wohnmobil-Touren

17

Stellen Sie sich vor, Sie könnten für 150 Euro ein Jahr durch Deutschland und Europa reisen, ohne auch nur einen Cent für eine Übernachtung zu zahlen. Glauben Sie nicht? Dann sollten Sie ganz genau weiterlesen! France Passion, Fattore Amico, España-Discovery, Landvergnügen und Co. machen es möglich. Für durchschnittlich 29,95 Euro Jahresgebühr erhalten Sie dabei umfangreiche Literatur und Karten sowie ein Vignette, die Sie gut sichtbar in der Windschutzscheibe platzieren. Bei all diesen Formaten geht es gleichermaßen darum, als ausgewiesenes Mitglied der Community kostenfrei eine Nacht verbringen zu können. Überwiegend handelt sich dabei um Bauernhöfe, Weingüter, Käsereien, aber genauso auch um Gasthöfe, Museen oder Obstplantagen. Jedes Angebot hat seine Verhaltensregeln und alle teilnehmenden Betriebe teilen ihre Leistungen mit. Da findet man, meist mittels Symbolen, die Anzahl der Wohnmobile, die Platz haben, ob es eventuell Wasser oder Strom gibt, ob die Toilette entleert oder das Grauwasser entsorgt werden kann. Grundsätzlich gilt aber, es gibt nichts garantiert, alles Weitere ist ein freiwilliger Bonus. Man kann außerdem ersehen, bis zu welcher Tageszeit eine Anreise stattfinden darf oder ob man sich eventuell ankündigen sollte. Zudem gibt es beispielsweise auch Gastgeber, die Essen offerieren oder Mithilfe im Alltag anbieten. Für Kinder gibt es häufig die Möglichkeit, auch Hof und Tiere kennen zu lernen. Das Angebot ist sehr vielfältig und verlockend. Das wichtigste ist aber auch hier, sich an die Spielregeln zu halten. Wo auch immer in Europa Sie zu Gast sein möchten, ist oft das besondere Augenmerk auf die Regelungen der Anfahrten zu legen, denn diese sind besonders auf dem Land oft mit Vorsicht zu genießen.

Deutschland

Aus der Praxis kann ich Ihnen sagen: So wie alles im Leben hat auch diese Medaille, oder besser „Vignette“, zwei Seiten. Bei dem deutschen Angebot namens „Landvergnügen“ ist es mehr als einmal passiert, dass die gekennzeichneten Plätze zum Stehen nahezu nicht auffindbar, zu klein, zu eng oder eher für Kompaktmobile bzw. VW Bullis geeignet waren. Positiv sind jedoch die vielen kindgerechten Mitmachangebote oder kleinen Streichelzoos.

Frankreich

Das französische „France Passion“ hat die größte Auswahl und Vielfalt an landwirtschaftlichen Betrieben. Sie befinden sich in allen Regionen des Landes. Jedoch bedarf es häufig einer guten Planung und oft gilt, bloß nicht im Dunkeln anreisen! Von Vorteil sind auf jeden Fall französische Sprachkenntnisse, um sich begrüßen oder nach einem Stellplatz fragen zu können. Zur Erntezeit nimmt man häufig wenig Rücksicht auf Sie oder es fehlt einfach die Zeit dazu. Dafür gehören aber beispielsweise auch gemeinsame Essen nach der Erntehilfe bei der Weinlese im Bordeaux zu den unvergesslichen Erlebnissen. Gerade in solchen Fällen darf man durchaus einige Tage dort verbringen. Sehr zu empfehlen sind auch viele Hofläden, die eigene Suppen oder Aufläufe herstellen, die man dann im Wohnmobil genüsslich verspeisen kann.

Italien

Die italienische und spanische Variante dieses Systems beinhaltet nahezu ausnahmslos landwirtschaftliche Güter und Agriturismi. Das gibt einem immer das gute Gefühl, die Nacht sicher auf privatem Grund und Boden zu verbringen. „Fattore Amico“ bedeutet ganz oft italienische Gastfreundschaft pur. Wenn Sie die Gelegenheit haben, bei einer Olivenernte zu helfen, sollten Sie diese unbedingt wahrnehmen. Ihr Lohn wird ein unvergessliches Essen von „La Mamma“ im Kreise der Familie sein.

In Spanien gibt es insgesamt 150 Betriebe, die teilnehmen. Hier möchte ich Ihnen wiederum den Besuch einer Oliven- oder Bananenplantage im südlichen Andalusien um Granada ans Herz legen, wo Sie sicherlich ebenfalls eine unvergessliche Zeit verleben können.

Großbritannien

Großbritannien lädt Sie in den „Brit Stops“ überwiegend zu Gasthöfen mit „Pub-Food“ ein, die sich aber durchaus in reizvollen Gegenden oder an netten, geschichtsträchtigen Orten befinden. Auch hier ist die Gastfreundschaft und Neugier gegenüber den mobilen Touristen sehr herzlich. Man fühlt sich ganz schnell wie Zuhause aufgenommen.

Auch Deutschland hat was zu bieten.

Kein Wässerchen trüben

Wie bleibt das Nass lange frisch?

18

Das Wohnmobil und sein Wasservorrat – das ist eine niemals enden wollende Geschichte. Mindestens einmal im Jahr ist es Grund genug für die gängige Fachpresse, sich dieses Themas anzunehmen. Auch hat über die Jahre jeder sein eigenes Geheimrezept für das „Wassermanagement" entwickelt oder unzählige Tipps und Wundermittel versucht. Eines der Argumente, die man immer wieder hört, ist zum Beispiel: „Wir nehmen zum Kaffeekochen nur Mineralwasser." Oder: „Zum Zähneputzen benutzen wir das Wasser aus dem Tank nicht." Dabei ist es gar nicht so schwer, Leitungen und Wassertank keimfrei zu halten. Wasser ist länger haltbar, als man meint. „In den Fässern da faulte das Wasser", heißt es in einem Seemannslied. Genau da liegt aber auch der Unterschied: Die alten Fässer ermöglichten Luft, Wärme und auch Insekten, die dort Eier ablegen konnten, einen Zugang zur Flüssigkeit – ein grundlegender Unterschied zur heutigen Wasserlagerung. Der Tank sitzt im Wohnmobil an einer dunklen Stelle, ohne Licht und übermäßige Wärme.

Wasser haltbar machen

Ohne jegliche Zugabe von Haltbarkeitsmitteln gegen Verkeimung etc. sollten Sie das Wasser innerhalb einer Woche verbrauchen oder für einen Austausch sorgen. Diese Zusatzmittel gegen Verkeimung geben Bakterien und ähnlichem erst gar keine Chance. Auf diese Art ist eine Lagerung von zwei Monaten und mehr völlig unproblematisch. Das ist auch wirksamer als alle Arten von Filtern, die versuchen, Keime etc. vor Nutzung des Wassers zu entziehen. Wichtig ist es, die gesamte Wasseranlage regelmäßig mit heißem Wasser zu spülen: also Boiler auf höchste Temperatur einstellen (meist 60 Grad Celsius) und die gesamte Menge durch die Leitungen schicken. Nur wenige Wassertanks sind so gut erreichbar, dass man auf jede Ecke mit Wasserstrahl und Händen Zugriff hat. Viele sind sehr schlecht zugänglich oder im Doppelboden und ohne Zugang von unten verbaut. Vergessen Sie alle Hausmittelchen wie Tabs zur Gebissreinigung, die teuren Mittel mit Aufschrift „Dr. K ..." oder dergleichen. Auch ich habe schon Leitungen und Tanks gesehen, die einen regelgerechten Befall mit Schleim und Grünspan hatten. Hier helfen nur noch chemische Mittel und ein intensives Einwirken lassen – sowie spülen, spülen und nochmals spülen!

Ein einfacher Trick

Ich hatte vor Jahren das große Glück, von einem Chemiker im Nachbarwohnmobil einen guten Tipp für meine „Wasserlaufbahn“ erhalten zu haben. Er fragte mich: „Warum lässt Du dein Frischwasser immer ab, wenn Du Zuhause angekommen bist?“ Ja, warum eigentlich? Das war quasi der Durchbruch in puncto Sauberkeit und Haltbarkeit. Nicht nur während der gesamten Saison, sondern inzwischen sogar des ganzen Jahres (das Wohnmobil steht frostfrei) verlässt das Wasser niemals Leitungen und Tank. Seit diesem Tag gab es nie wieder ungewollte Komplikationen. Gerade das Ablassen des restlichen Frischwassers und die somit verbleibende Restfeuchtigkeit sind nämlich oft die Brutstätte allen Übels. Selbstverständlich können Sie das Wasser ablassen, um den Tank auszuspülen, dann sollten Sie ihn aber gleich wieder füllen. Immer unter Druck bzw. unter Flüssigkeit stehende Leitungen und Tank neigen niemals dazu, Schleim oder Keime zu bilden. Wir benutzen unser Wasser übrigens zum Kaffee kochen und Zähneputzen.

Also: den Tank regelmäßig füllen, einen Haltbarmacher dazugeben und fertig! Oder haben Sie nach dem Urlaub Zuhause schon mal die Leitungen geleert oder gereinigt, bevor Sie wieder Wasser entnehmen?

Der richtige Tankreiniger

Welcher Antrieb fürs Womo?

19

Vorder- oder Hinterradantrieb?

Die Auswahl beim Vorwärtskommen mit dem Wohnmobil ist nun wirklich überschaubar: Antrieb von der Vorder-, der Hinterachse oder Allradantrieb, damit sind wir fertig. Weniger als ein Prozent der zugelassenen Wohnmobile verfügen dabei über Allradantrieb. Das liegt nicht nur daran, dass die meisten ihn nicht benötigen, sondern auch an dem Aufpreis gegenüber den herkömmlichen Antriebsarten, die die Reisemobilhersteller oft scheuen. Sie werden überwiegend in den Kategorien Kastenwagen oder Expeditionsmobile auf Lkw-Chassis geordert. Hier entscheiden sich die Eigentümer bei Reisezielen mit schlecht ausgebauter Infrastruktur oder Straßen mit Wüsten- oder Pistencharakter für ein solches Fahrzeug. Es gibt ihnen mehr Sicherheit und vor allen Dingen die Möglichkeit, auch abseits der Routen einen Weg zu finden. Zu speziell wollen wir an dieser Stelle nicht werden. Ob Front- oder Heckantrieb, das wird eigentlich mit der Auswahl der Chassis vom Hersteller bestimmt. Fiat-Ducato-Wohnmobile (mehr als 60 Prozent Marktanteil) haben einen Vorderradantrieb, Mercedes Benz und Iveco einen Hinterradantrieb. Die letztgenannten Hersteller werden vor allen Dingen in den Gewichtsbereichen von über vier bis 6,5 Tonnen angeboten – dies natürlich nicht ohne Grund.

Der Frontantrieb

Wenn wir den Frontantrieb und sein Einsatzgebiet genauer betrachten, erklärt sich vieles von selbst. In der meistverkauften Kategorie der Wohnmobile bis 3,49 Tonnen spielt das Gewicht des Basisfahrzeugs eine große Rolle. Nach heutiger Ausstattung und Standards lässt sich ein Wohnmobil nahezu ohne werksseitigen Leiterrahmen oder Tiefrahmen mit Breitspurhinterachse praktisch nicht mehr realisieren. Dies ist vor allen Dingen dem Wunsch der Kunden geschuldet, bestimmte Maut- oder Führerscheinkategorien einzuhalten. Hieraus ergeben sich entsprechend große Unterschiede bei der Lastenverteilung auf Vorder- und Hinterachse. Wer kennt es nicht, das Durchdrehen der Vorderräder auf feuchter Wiese oder im leichten Schnee und die Probleme beim Befahren der Ausgleichskeile auf dem Stellplatz. Hierzu übrigens ein ganz einfacher Tipp: Legen Sie die Keile hinter die Reifen statt davor und machen Sie aus dem Front- quasi einen Hinterradantrieb! Denn das Hauptgewicht liegt natürlich meist auf

Klassischer Frontantrieb – Fiat Ducato Wohnmobil

dem Heck des Fahrzeugs und die Vorderräder erhalten so zu wenig Kontakt mit dem Untergrund. Auch auf nasser Fahrbahn und in schnellen Kurven sollte man behutsam mit dem Gasfuß umgehen. Ebenso ist es ratsam, die Räder der Vorder- und Hinterachse zu tauschen, da der Gummiabrieb der Vorderräder wesentlich höher ist. Die Reifen werden so gleichmäßig belastet und abgefahren. Ein guter Anhaltspunkt ist dabei ein Wert von 15.000 gefahrenen Kilometern. Auch bei der Messung der Profiltiefe wird man das sofort merken. Gerade diese Gewichtsverteilung und ihre Auswirkungen werden häufig vernachlässigt. Nehmen Sie sich deshalb doch einmal die Zeit und werfen Sie einen Blick in Ihre Fahrzeugpapiere, oder noch besser: Wiegen Sie Ihre Achslasten auf einer öffentlichen Waage, bevor das unterwegs und im Urlaub die Polizei für Sie macht.

Der Hinterradantrieb

Der Hinterradantrieb, besonders mit Zwillingsbereifung, bietet hier wesentlich mehr Komfort und wird mit der Hinterachslast auch sehr viel leichter fertig. Ein Durchdrehen der Reifen ist dem Hinterradantrieb eigentlich völlig fremd. Wohnmobilfahrer, die beides gefahren haben, würden nur ungern auf ihren Hinterradantrieb verzichten und auch bei der Neuanschaffung den Preisaufschlag eines anderen Herstellers in Kauf nehmen. Leider ist es bedauerlich, dass einige Hersteller hier gar keine Alternative bei der Bestellung zulassen.

Traumziele in Europa 2

20

Mythos Schottland

Ein weiteres Reiseziel lässt sich von der Wunschliste der Wohnmobilfahrer nicht mehr wegdenken: Schottland! Das Land im hohen Norden der britischen Insel mit den angrenzenden Hebriden und den Orkney Islands ist äußerst beliebt. Was macht dabei den besonderen Reiz aus? Sind es Filme wie „Highlander" oder „Braveheart", die uns die Besonderheiten des Landes und seiner stolzen Einwohner mitsamt ihrer wechselhaften Geschichte näher gebracht haben? Ist es diese unwirtliche Landschaft des Nordwestens mit nur vier Einwohnern pro Quadratkilometer, einer der am dünnsten besiedelten Teile Europas? Sind es die Bräuche und Sitten der Menschen, die berühmt sind für ihre Gastfreundlichkeit, den Schottenrock oder ihren Whisky?

Die Anreise über das Wasser

Sicherlich ist es auch die gute Erreichbarkeit, denn nach einer entspannten Anreise mit der Fähre von Holland nach Newcastle ist man bereits bei der Ankunft mitten in einer anderen Welt! Der Verkehr geht andersherum und die Zeit schenkt uns eine Stunde. Jetzt sind es noch einige Kilometer bis zum Übergang auf schottischen Boden und 170 Kilometer bis nach Edinburgh. Die schottische Hauptstadt ist ein toller Einstieg für Ihren Erlebnisurlaub in diesem Land. Quirlige Betriebsamkeit, eine

Einfacher Campingplatz an der schottischen Westküste

wunderschöne Altstadt, und über allem thront Edinburgh Castle! In der Tourist-Information können Sie sich umfangreich mit Literatur und Prospekten versorgen. Wenn Sie nicht in der Hauptsaison reisen, sollten Sie sich ab hier ein wenig nach dem Wetter richten. Die Ost-West-Ausdehnung beträgt im Schnitt nur 120 Kilometer und die Wetterlage könnte dabei oft unterschiedlicher nicht sein: Während im Westen auf den Hebriden die Regenstürme toben, kann an der Ostküste eine Woche lang die Sonne scheinen. Wie auch immer Sie ihre Route planen: Lassen Sie sich für die Mitte, die Highlands, genügend Zeit. Sie bieten sehr grüne Landschaften, viel Ruhe und naturbelassene Campingplätze wie den Faichemard Farm Campsite der Familie Grant in unmittelbarer Nähe von Invergarry. Bereits seit 1935 besteht der Platz, und im Laufe der Zeit entstand hier ein wahres Kleinod, das man nicht verpassen sollte.

Hier wohnte schon der „Highlander": Eilean Donan Castle.

Der einsame Norden

Weiter im Norden erwartet Sie dann die Einsamkeit, die Sie sich vielleicht vorgestellt haben. Dazu gibt es tolle Küstenabschnitte mit tosender Brandung, viele Campingplätze mit Meerblick oder eine Burg, die auf einem Felsen thront. Unterschätzen Sie aber nicht die Nord-Süd-Ausdehnung des Landes und die damit verbundene Kilometerleistung, die Sie zu bewältigen haben. Je nachdem, wo Ihre Tour in Deutschland startet, kommen da schnell 4.000 Kilometer und mehr zusammen. Im Norden erwarten Sie viele „Single Track Roads" mit Ausweichstellen. Eine Tagesetappe sollte hier nicht mehr als 130 Kilometer haben. Im Süden Schottlands, auf den Schnellstraßen, kommt man wesentlich flotter voran.

Zwei Dinge sollten Sie bei diesem Urlaub auf keinen Fall verpassen: Einen der landestypischen Pubs mit dem unvergleichlichen „Pub Food" aufzusuchen, denn hier knüpfen Sie gewiss schnell Kontakt mit den Schotten, die nicht ganz zu Unrecht als gesellig und redselig bezeichnet werden, und natürlich eine Whisky Distillery zu besuchen. Viele davon verfügen über Parkplätze, die sich zum Nächtigen eigenen. Darum: nachmittags besichtigen und ausgiebig kosten!

Das Wohnmobil-Tagebuch

„Vor sechs Jahren waren wir in …?"

21

Eine steigende Anzahl der Wohnmobilisten haben schon ein Reisetagebuch in Gebrauch, und darunter sind auch viele Menschen, die noch nie in ihrem Leben ein Tagebuch oder ähnliches geführt haben. Ein Logbuch, finde ich, trifft das Thema auch sehr gut.

Wenn Sie sich bisher noch nicht für das Thema Reisetagebuch begeistern konnten, werden Sie aber dennoch merken, dass es mit der Zeit immer schwieriger wird, die Daten und Zeitabschnitte, wo man wann unterwegs war, in die richtige Reihenfolge zu bringen. Es ist hilfreich, wenn man gleiche Regionen mehrfach bereist, um das eine oder andere wiederzufinden oder auch zu wissen, wohin man keinesfalls zurückkehren möchte, obwohl man diese Augenblicke meist am wenigsten vergisst.

Die Lösung: das Logbuch

Doch wie im Untertitel beschrieben, ist es besonders schön, nach mehreren Jahren den Reiseverlauf konkret nachvollziehen und so die Reise mit anderen teilen zu können. Die Möglichkeiten sind dabei vielfältig, eine sinnvolle Einteilung der Erinnerungen für sich zu finden. Dies kann mit einer einfachen Tabelle beginnen, in der man nur Reiseziel und Reisezeit festhält, dazu dann noch die Kilometerleistung – und fertig. Darüber hinaus kann man noch die Anlaufstellen und Ausgaben festhalten bis hin zu täglichen Notizen zum Übernachtungsort, weiteren Besonderheiten oder auch das Wetter. Sie werden nach ein paar Jahren sehen, wie wertvoll dieses Logbuch bei neuen Reiseplanungen sein kann. Besonders hilfreich ist es für mich in Bezug auf die Kostenkalkulation einzelner Posten wie zum Beispiel Maut, Treibstoff, Besichtigungskosten etc. So lassen sich auch schnell Vergleiche zwischen den Reisezielen aufstellen oder das nächste Traumziel schneller finden. Schön ist es, das erlebte noch mal Revue passieren zu lassen und sei es nur als Einstimmung auf die neue Saison.

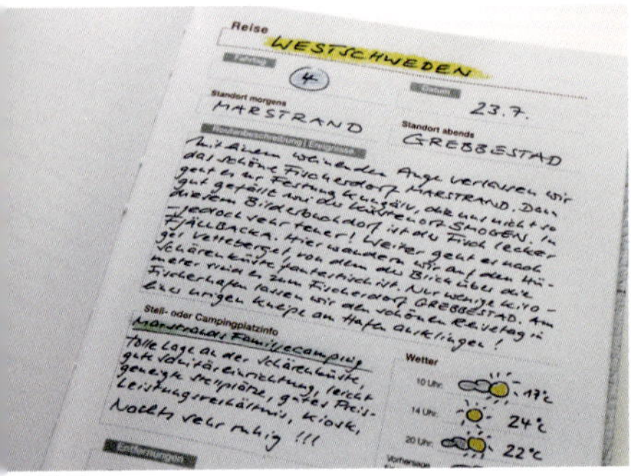

Absolut zu empfehlen: das Wohnmobil Bordbuch

22 Moderne Kommunikation

Das elektronische Wohnmobil

Wer hat nicht noch den Werbespruch eines bestimmten Automobilherstellers in den Ohren, der so ähnlich klang wie: „Nichts ist unmöglich …“? Das gleiche gilt heute für die moderne Kommunikation, wenn man mobil auf Reisen ist. Hier ist nicht mehr nur der Einsatz einer Internetantenne auf dem Dach gemeint, sondern vielmehr die rasante Entwicklung der Smartphones und die damit verbundene Vielfalt zur Steuerung aller Anlagen im Fahrzeug.

Trotz aller Navigationsangebote hat die gute alte Karte für mich persönlich noch nicht ausgedient, aber das Thema hatten wir schon. Auch das Tourenbuch oder der Stellplatzführer haben weiterhin ihre Berechtigung. Aber selbstverständlich ist es eine Erleichterung, eine App nach Stellplätzen im Umkreis von 20 Kilometern zu befragen und sich anschließend fast automatisch dahin lotsen zu lassen.

Wieviel App hätten Sie denn gerne?

Viele Hersteller haben damit begonnen, beispielsweise auch Heizungsanlagen, Klimageräte und sonstiges über eine App bzw. das Smartphone ansteuern zu lassen. Da frage ich mich nur manchmal, ob ich wirklich abends im Gasthaus die Temperatur meiner Heizung regulieren muss. Aber das mag jeder für sich selbst entscheiden. Doch diese Applications ersetzen nicht den kompletten Internetzugang mittels Satellitenverbindung, eines installierten Routers und einer zusätzlichen Karte eines Telefonanbieters.

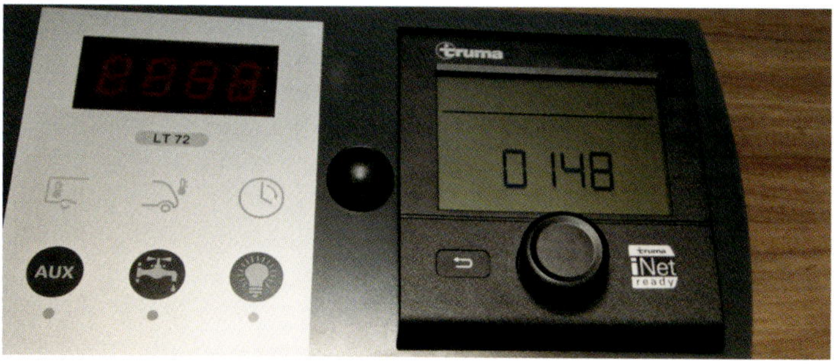

Heizung mit iNet-Steuerung

Der treue Begleiter

23

Mensch, Hund und Wohnmobil

„Glaube keiner Statistik, die Du nicht selbst gefälscht hast!“, lautet ein nicht gänzlich unwahrer Ausspruch. Neueste Erhebungen haben dabei ergeben, dass nahezu 50 Prozent aller Wohnmobilbesatzungen eine oder gar mehrere Fellnasen als ständige Reisebegleiter an Bord haben. Wer einen Hund besitzt, sollte ihn auch möglichst gezielt für diese Reiseform trainieren. Allerdings gehört hierzu nicht nur die Erziehung der Hunde, sondern auch die von Frauchen und Herrchen. Egal, ob Sie nun auf einem Stellplatz, einem Campingplatz oder frei stehen, es gibt einige Grundregeln, die man für ein friedliches Miteinander von Hund und Mensch beachten sollte. Gerade auf Campingplätzen gibt es dazu sowieso immer bestimmte Verhaltensregeln, die einzuhalten sind.

Rücksichtnahme ist das A und O

Lassen Sie Ihren Hund grundsätzlich nicht unbeaufsichtigt umherlaufen, es gibt Menschen, die sich, egal wie groß das Tier ist, vor Hunden fürchten. Es gibt zudem Hunde, die ein sehr ausgeprägtes Revierverhalten haben und dies bei jedem, der sich auch nur ansatzweise nähert, verteidigen möchten. Übermäßiges Bellen und Anschlagen ist für die Nachbarn auf Dauer nervend und anstrengend. Hunde mit intensivem Jagdinstinkt verfolgen schon einmal gerne alles, was sich bewegt: Hasen, Vögel, Fahrradfahrer oder, wenn es sein muss, auch die Nachbarskinder. Bis Sie die Lage vor Ort noch nicht komplett überblickt haben, lassen Sie den Hund am besten grundsätzlich noch an der Leine und erkunden Sie mit ihm gemeinsam das neue Zuhause auf Zeit. Eines der wichtigsten Dinge dabei: Sollte es einmal passieren, greifen Sie bitte zur kleinen Tüte und nehmen Sie die Hinterlassenschaften wieder mit. Denn nichts erzeugt

Schöne Aussicht

Hier wacht die „Fellnase"

mehr Unmut als Hundehaufen vor anderen Wohnmobilen oder unter den Schuhen der Nachbarschaft. Auch wenn ihr Hund noch so klein und süß zu sein scheint, so sollten Sie Toleranz zeigen und es akzeptieren, wenn dies Ihre Nachbarn ganz anders empfinden.

Auch dem Hund muss es gefallen

Denken Sie bei der Auswahl Ihres Urlaubszieles aber auch an Ihren Hund. Besonders große Rassen mögen oft keine 40 Grad Celsius im Schatten. Wir haben in Kroatien schon Urlauber erlebt, die die Reise zugunsten ihres Vierbeiners abgebrochen haben. Erkundigen Sie sich auch rechtzeitig vor Reiseantritt über die gesetzlichen Einreisevorschriften für Haustiere in Ihrem Urlaubsland. Hier kann es schnell zu unliebsamen Überraschungen kommen, wenn beispielsweise bestimmte Impfungen schon Wochen vorher durchgeführt sein müssen. Chippen und ein Impfausweis sind mittlerweile Standard. Denken Sie auch an das Lieblingsfutter, das Sie vielleicht nicht überall erhalten.

Bedenken Sie aber vor allem, dass Hunde nicht überall willkommen sind oder mitgenommen werden dürfen. Dies gilt insbesondere für Museen, Freizeitanlagen, Geschäfte oder ähnliches. Wenn Sie all dies, und was Ihnen noch zu diesem Thema einfällt, beherzigen, sind Wohnmobil und Hund eine tolle Symbiose, die beiden Seiten großes Vergnügen bereitet. Ich möchte auf unseren vierbeinigen Begleiter jedenfalls nicht verzichten!

Sinnvolles Zubehör I

24

So rüsten Sie richtig auf

In einem Wohnmobilforum war kürzlich ein Teilnehmer sehr verwundert, dass keiner dessen Begeisterung für seine neueste Errungenschaft wirklich teilte: eine Geschirrspülmaschine! Ähnliche Exoten im Wohnmobil sind zum Beispiel der Zentralstaubsauger (hatte ich bei einer Testfahrt einmal an Bord und fand es, um ehrlich zu sein, recht praktisch), die Waschmaschine, Badewanne oder Sauna, ein Windrad oder gar eine Dachterrasse!

Wir wollen uns zunächst mit den wirklich sinnvollen Dingen beschäftigen. Zwei Teile aus dem Zubehörkatalog lassen sich inzwischen als Standard bezeichnen: Dies sind die Markise und der Fahrradträger. Die nächsten Plätze im Ranking nehmen der Fernseher und eine dazugehörige automatische oder manuelle Antenne ein. All das lässt sich der Kategorie Anbauteile zuordnen.

Ob einfach oder Hightech

Doch auch die „inneren Werte" werden oft aufgemotzt. Hier stehen zusätzliche Aufbaubatterien und Steckdosen ganz hoch im Kurs. Dazu gesellen sich bei ca. zehn Prozent der zugelassenen Wohnmobile Klimageräte und Solaranlagen. Viele sorgen natürlich mittels externer Konstruktionen,

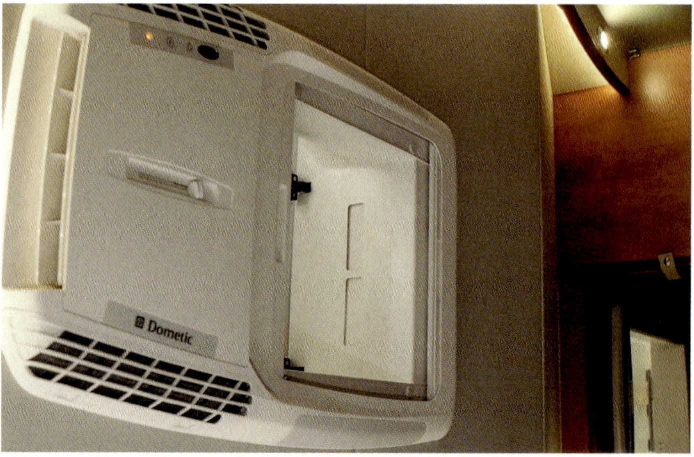

Wer oft im Süden unterwegs ist, sollte eine Dachklimaanlage haben.

die im Cockpit platziert und befestigt werden, für die korrekte Navigation. Oft gibt es noch eine dazugehörige Soundanlage. Auch äußerliche Verschönerungen wie Alufelgen oder Designaufkleber sind stark im Kommen. Als technisches Hightech ist das Motortuning mittels entsprechender Chips zu bezeichnen, ebenso wie Hubstützenanlagen zur automatischen Ausrichtung des Fahrzeugs im Stand. Nicht zu vergessen ist die Anhängerkupplung für das Auto, den Motorroller oder alles, was nun wirklich keinen Platz mehr am oder im Wohnmobil findet.

Praktisch: die Anhängerkupplung

Kommt man dann in die Verlegenheit, im Zuge einer Verkehrskontrolle eine Waage befahren zu müssen, ist das Weh und Ach häufig groß, denn man ist damit heillos überladen. Dann wird das nächste, oft noch teurere Zubehör fällig: verstärkte Federn und Umbauten zur Auflastung, im schlimmsten Fall sogar ein neues Wohnmobil!

Auch das Wohnmobil muss auf sein Gewicht achten

Doch soweit muss es erst gar nicht kommen. Jedes Zubehör hat nun einmal sein Gewicht und sollte von Beginn an zu dem zulässigen Fahrzeuggewicht dazugezählt werden. So können Sie Wunsch und Realität am besten in Einklang bringen. Oft reicht es schon, wenn man sich die Frage stellt: „Brauche ich das wirklich?" Wer überwiegend hiesige Gefilde oder nordische Länder befährt, benötigt keine 30 Kilogramm schwere Dachklimaanlage und wer überwiegend Campingplätze ansteuert, vielleicht auch keinen Wechselrichter mit Solaranlage.

Eine Ersatzpumpe für das Wasser, ein Reserverad und der richtige Wagenheber: Das ist sinnvolles Zubehör. Oder wussten Sie, dass der vom Reisemobilhersteller beigelegte Wagenheber zwar – als Beispiel – ein originaler Fiat-Ducato-Heber sein kann, der aber dennoch vielleicht unter der Last Ihres Wohnmobiles zusammenbrechen könnte? Auch die Campingausrüstung, Tische und Stühle, haben ihr Gewicht. Dazu kommen dann noch der Grill, Werkzeug und einige Ersatzteile wie Keilriemen, Schrauben oder die Tube Silikon. Deshalb mein Tipp: Nehmen Sie sich Zuhause die Muße und Zeit, einmal das Gewicht von allem nur Erdenklichen aufzulisten – dazu gehören natürlich auch die Lebensmittel!

Navigation im Wohnmobil

25

Karte oder Sterne?

„An der nächsten Kreuzung müssen wir rechts abbiegen", sagt die Beifahrerin zum Fahrzeugführer – das waren noch Zeiten, werden Sie jetzt vielleicht sagen. Aber es gibt bis heute noch viele Menschen, die auf die ganz klassische Art und Weise durch Europa und die Welt fahren. Vielleicht gehören Sie ja sogar dazu. Den beliebten Atlas und einige Detailkarten im großen Maßstab von der Zielregion eingesteckt, und Sie waren für alle Eventualitäten gewappnet. Das Besondere am „Oldschool-Navigieren" waren immer die „Fundstücke", die man nur nach dem falschen Abbiegen gefunden hat, oder sagen wir es ehrlich: beim Verfahren. Nach wie vor gibt es schöne, kleine Campingplätze, die in keinem Verzeichnis zu finden sind.

Da oben leuchten die Sterne

Heute ist eine elektronische Navigation Standard. Fest eingebaut, auf dem Mobiltelefon oder Tablet – welche Variante am besten passt, entscheidet jeder für sich selbst. Die kostspieligste ist und bleibt die werkseitig Eingebaute. Die externen Geräte werden im Blickfeld der Fahrerseite

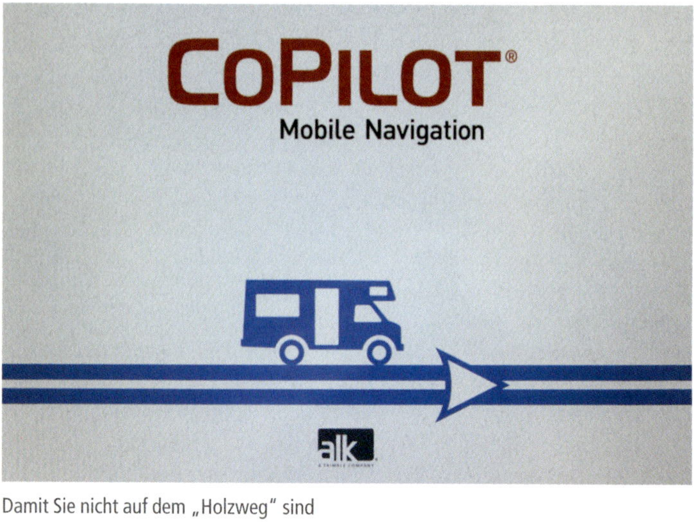

Damit Sie nicht auf dem „Holzweg" sind

Der CoPilot vom IPad

angebracht, benötigen jedoch auch immer wieder Updates, die leider nicht kostenlos sind. Dafür kosten sie in der Anschaffung oft nur ein Viertel.

Online oder offline?

Eine wirklich tolle Alternative (auch ich musste mich erst überzeugen lassen) sind Tablets, die mit dem gewünschten Programm „gefüttert" werden. Diese Programme arbeiten häufig über GPS und somit offline, das Onlinegehen für aktuelle Verkehrsmeldungen ist kurzfristig möglich. Die Bildschirmgröße eines Tablets ist sehr angenehm zum Ablesen und inzwischen gibt es auch stabile Halterungen. Eine sogenannte „App", die ich unbedingt empfehlen kann, ist „CoPilot". Sie ist aus einer Lkw-Navigation entstanden und lässt sich mit Gewichts- und Höhendaten speisen, damit es erst gar nicht zu bösen Überraschungen kommt. Sie kostet einmalig ca. 79 Euro und liefert als Features verschiedene Routenvorschläge, Kartenansichten und GPS-Steuerung.

Doch denken Sie immer daran: Die Elektronik kann ausfallen oder es besteht nicht immer Empfang. Darum ist meine Empfehlung, ab und zu eine Tour mit Karte zu fahren, denn wie heißt es so schön: „Übung macht den Meister!" Als letztes nicht vergessen: Die Sonne geht im Osten auf und im Westen unter ...

Tatort Wohnmobil-Stellplatz

„Wenn der Nachbar nicht in Frieden ..."

26

Über die neue Gemeinschaft und Generation der Wohnmobilisten sind wir schon an mancher Stelle kurz eingegangen. Gerade in Zeiten gut gefüllter Stellplätze haben sich einige Unarten eingeschlichen, die – wenn sie nicht so traurig wären – eher schon amüsieren. Daraus entwickeln sich die „Top Ten" der größten „No-Gos" auf dem Wohnmobil-Stellplatz:

10. Quersteher, die ohne Probleme drei Stellplätze einnehmen.
Hier hilft ganz oft der Hinweis, dass 6,20 Meter gar nicht so lang sind!

9. Jemand nimmt den vorletzten Stellplatz und breitet nicht nur in der Ecke seine Campingausrüstung samt Markise aus, dazu werden auch noch die Fahrräder trocken abgestellt.
Danke, jetzt ist der letzte Stellplatz auch belegt – nicht durch ein Wohnmobil, sondern durch Campingmöbel.

8. Wildes Umherfahren, um den geeignetsten Platz zu finden:
„Nein, der ist es doch nicht, wir fahren noch eine Runde" – Danke für den Lärm.

Da kann der Ärger vorprogrammiert sein.

7. Alle Plätze sind voll, aber zur Not kann man vielleicht vor drei anderen quer parken!
Das geht gar nicht. Jeder muss fahren können, wann immer er möchte. Mitdenken hilft immer.

6. Der Strom aus der Steckdose ist mir viel zu teuer, dafür habe ich ja meinen Generator.
Wohnmobilist, wir danken dir für diese Unruhe hier!

5. Der Sparfuchs greift zur Winterzeit gerne zum elektrischen Heizlüfter, wenn der Strom in der Standgebühr enthalten ist.
Fliegen dann die Sicherungen durch die Nacht, hat er am Morgen hoffentlich ein frostiges Lachen im Gesicht.

4. Dem Wohnmobilfahrer sei gesagt: Den Abwassertank darf man gerne nutzen.
Darauf angesprochen, warum das Ablassventil offen gelassen wurde und deshalb nun das Abwasser in die Erde läuft, sagt er gerne: „Oh, danke, das haben wir wohl vergessen." Es gibt Menschen, die ihren Abwassertank ganz gerne „schonen" möchten – das ist tatsächlich beliebter als man denkt. Man sieht es leider auf den Stellplätzen immer wieder.

3. Gerade angekommen, werden sogleich Tisch und Stühle platziert – doch, oh Wunder, auf des Nachbars Platz, denn die Freunde kommen ja erst später.
Dies ist auf öffentlichen Stellplätzen nicht nur verboten, sondern hat schon zu mehr als nur einer heißen Diskussion geführt.

2. Wer an der Entsorgungsstation mit dem Frischwasseranschluss seine Toilette spült, sollte sich nicht wundern, wenn sich später jemand unwohl fühlt.
Das gehört im Sinne der gemeinschaftlichen Gesundheit fast an die erste Stelle.

1. Die absolute Nr. 1 sind jedoch Menschen, die ihr Dach erklimmen und mit der Gartenschere Äste am Baum entfernen, damit der Empfang fürs Fernsehen stimmt.
Da hoffen wir nur, dass ihr Wohnmobil niemals einem anderen die Sicht auf das Meer nimmt!

Zur Kasse bitte!

Das Wohnmobil und die Maut in Europa

27

Deutschland – gelobtes „Mautland“! Nicht nur für einheimische Wohnmobilfahrer, nein, besonders auch für Wohnmobilisten aus anderen europäischen Ländern ist Deutschland ein attraktives Reiseland. Wenn man aufmerksam beobachtet, wird man hier besonders französische, italienische, niederländische, österreichische, skandinavische und schweizerische Wohnmobilbesatzungen in vermehrter Anzahl antreffen. Aber auch viele Deutsche selbst haben in den letzten Jahren ihre Heimat als Campingland wiederentdeckt. Mehr als 30 Millionen Übernachtungen zählen unsere Campingplätze jährlich.

Wo ist das Schlaraffenland?

Dafür verantwortlich ist nicht allein die hiesige hervorragende Infrastruktur – und damit ist nicht der Straßenzustand im Speziellen gemeint, sondern vielmehr, dass sie überhaupt vorhanden sind. Doch im Allgemeinen kann Deutschland schon als „Schlaraffenland“ für Wohnmobiltouristen bezeichnet werden. Für viele Reisende aus anderen Ländern kommt aber ein wichtiger Faktor hinzu: Es gibt keine Maut! Das kann sich im Vergleich zu einem Frankreichurlaub wirklich sehen lassen. Denn 1.500 Kilometer Autobahnnutzung summieren sich je nach Klasse auf 140 bis 200 Euro. Das entspricht den Kosten für zehn Übernachtungen auf einem Campingplatz in der Nebensaison.

Einigkeit in Europa?

So vielfältig wie Europa, so vielfältig sind auch die Eintreibungsmodelle der verschiedenen Länder. Für Wohnmobile bis 3,5 Tonnen ist es meist sehr unkompliziert, da sie oft die gleiche Vignette erhalten wie ein Pkw. Dies gilt zum Beispiel für Österreich oder die Tschechische Republik. Komplizierter wird es für die Fraktion der Wohnmobile über 3,5 Tonnen. Diese benötigen oftmals eine elektronische Box, bei der die Gebühren per Signal abgebucht werden. Besonders in Österreich müssen Sie darauf achten, dass Ihre Fahrzeugdaten an die entsprechende Stelle gefaxt werden, da die „Go-Box“ sonst nicht aktiviert ist und als nicht anwesend betrachtet wird. In der Schweiz lösen Sie einfach an der Grenze im Zollbüro die Schwerlastabgabe für zehn Tage, die man im Ablauf eines Jahres abfahren

GoBox oder Vignette in Österreich

kann. Die Kosten liegen dann lediglich bei 32 Euro. Wenn Sie beispielsweise in Großbritannien unterwegs sind, müssen Sie wissen, dass die Gebühr für das Dartford Crossing der Themse vorab oder spätestens 24 Stunden nach Nutzung bezahlt sein muss. Auch in Norwegen können Sie für die wenigen Abschnitte vorab ihre Kreditkartenummer hinterlegen.

Wichtig ist: Bevor Sie in ein anderes Land fahren, sollten Sie sich über die dort üblichen Bestimmungen eingehend erkundigen. Dies geht am einfachsten auf den Internetseiten des ADAC, die auch Nicht-Mitglieder nutzen können.

Pimp Up Your Wohnmobil

28

„Müssen wir uns wirklich trennen?"

Vermehrt hört man auf den Messen oder unterwegs Aussagen wie „Eigentlich sind wir noch sehr zufrieden", „Unser Grundriss gefällt uns so gut" oder „Wir finden einfach nicht das richtige für uns" – und nicht zuletzt sind natürlich auch die Preise nicht ganz ohne. Wenn Sie von einer durchschnittlichen Preissteigerung von jährlich drei Prozent ausgehen, kostet ein vergleichbares Wohnmobil wie das Ihre nach zehn Jahren 30 Prozent mehr in der Anschaffung. Wie der Zubehörmarkt und die Zahl der Wohnmobileigner, so hat sich auch der Markt der Serviceleistungen für die Verschönerung von Wohnmobilen rasant entwickelt. Viele Reisemobile haben selbst in fortgeschrittenem Alter relativ geringe gefahrene Kilometerleistungen, sie sind dadurch quasi wie neu. Und auch 150.000 Kilometer und mehr sind für die heutige Technik überhaupt kein Problem. Gerade die Motoren der älteren Fahrzeuge haben oftmals noch mehr Hubraum, der wegen der besseren Umweltverträglichkeit über die letzten Jahre immer weiter reduziert wurde. Provokativ könnte man sagen: Zulasten besserer Abgaswerte wird den Motoren „der Hals zugedreht". Dazu kommen die robusten Unterbauten und der stabile Möbelbau bei beispielsweise 15 Jahre alten Fahrzeugen.

Neu ist nicht immer besser!

Aus meiner jahrelangen Erfahrung und Praxis kann ich Ihnen sagen, dass gerade bei Neufahrzeugen Dinge passieren, die Sie sich in Ihren kühnsten Träumen gar nicht vorstellen können und von denen Ihnen beim „Stellplatz-Smalltalk" bestimmt niemand erzählen würde! Mein Tipp, wenn Sie mit Ihrem derzeitigen Gefährt prinzipiell noch sehr zufrieden sind: Pimpen Sie es auf!

Folgende Kosten könnten dabei auf Sie zukommen:

- Polster neu beziehen: ab 600 Euro
- neuer Bodenbelag ab 500 Euro
- neue Gardinen, Seitenvorhänge: ab 50 Euro je Fenster
- Wände oder Decken neu bespannen: ab 200 Euro
- neue Dachluken: ca. 120 Euro inkl. Einbau

Schicke neue Polsterbezüge

Zudem gibt es viele Damen der Schöpfung – aber natürlich nicht nur –, die bei Dekorationen gerne und gekonnt selbst Hand anlegen. Ebenso lassen sich manche technischen Geräte wie Kühlschrank, Heizung etc. meist problemlos erneuern. All diese Arbeiten geben einen ungeahnten Motivationsschub und bringen viel Freude für sich und den geliebten Reisebegleiter!

Reisen mit Kindern

29 Das sollten Sie als Wohnmobilfahrer beachten

Das Reisen mit Kindern, seien es Ihre eigenen oder die Enkel, bedarf einiger Vorbereitungen. Für die Familien mit Kindern heißt dies, schon beim Kauf des Fahrzeugs ein paar grundlegende Dinge zu berücksichtigen. Achten Sie auf genügend Stauraum und ausreichend Schränke. Schön ist es, wenn jeder einen Schrank sein Eigen nennen kann, damit die Kinder das Gefühl haben, ihren persönlichen Stauraum zu haben. Praktisch ist es, wenn die Schlafplätze so gewählt sind, dass die Erwachsenen am Abend noch zusammensitzen können, während die Kinder bereits im Bett sind. Ein Alkoven mit Vorhang oder Etagenbetten im Heck, die man abtrennen kann, sind nützlich. Stimmt die Witterung, ist das natürlich alles unproblematisch, da man bei schönem Wetter ganz einfach draußen vor dem Wohnmobil sitzen kann.

Sorgen Sie außerdem noch für ausreichendes Licht, wenn dies nicht serienmäßig vorhanden ist. Hier bieten sich zum Beispiel auch batteriebetriebene LED-Lampen an, die – mein Vorschlag – bequem mit Klemmvorrichtungen befestigt werden können.

Sicher und bequem sollen alle sitzen

Ganz wichtig ist eine ausreichend große Sitzecke. Eine vollständige 4er-Dinette ist die eleganteste Lösung: Vier Personen können bequem sitzen, um zu essen oder zu spielen. Viel wichtiger ist es aber, dass während der Fahrt vernünftige Sitzplätze mit Gurten zur Verfügung stehen. Denn im Gegensatz dazu verfügen viele Ecksitzvarianten über nicht ausreichend Fußraum beziehungsweise muss dieser erst durch Umbau der Polster und Sitzbankabdeckung geschaffen werden. Dies ist meist mit Aufwand verbunden und eigentlich eher eine Notlösung. Zudem müssen die entfernten Teile noch irgendwo verstaut werden. Dies trifft oft auf teilintegrierte Fahrzeuge zu, denn diese haben im Gegensatz zu früher häufig diese sogenannten „Halbdinetten“ oder „Ecksitzlösungen“. Ich möchte keine Vorurteile schüren, aber aus Erfahrung sitzen dort doch oftmals die Großeltern und ihre Enkel.

Es ist selbstverständlich, dass die Kinder während der Fahrt immer angeschnallt sind oder sogar im geeigneten Kindersitz, wie sonst im Pkw auch, sitzen. Alles andere ist lebensgefährlich, denn bereits bei einer Vollbremsung bei einem Tempo von 20 km/h hebt es die Mitfahrer von oder gar aus den Sitzen! Was man während der Fahrt an Getränken, Essen oder Spielzeug reichen möchte, sollte auch bedacht werden. Diese Gegenstände machen sich nämlich beim Bremsen auch selbstständig und können sogar die Fahrerkabine erreichen.

Ein Blick in die Zulassung hilft weiter

Vor einer Mitnahme von mehreren Personen sollten Sie unbedingt einen Blick in die Zulassung werfen. Ist das Wohnmobil überhaupt für vier Personen zugelassen? Wieviel Zuladung habe ich dann noch? Reicht mein Stauraum überhaupt aus? Dieser Hinweis ist gerade für Familien sehr wichtig, denn viele Hersteller suggerieren ein 3,5-Tonnen, familientaugliches Wohnmobil, das in Wahrheit gar keines ist, denn für ein Fahrzeug über 3,5 Tonnen benötigt man einen Zusatzführerschein. Das kommt in der Praxis öfter vor als man denkt. Seit 2016 liegt in allen Zulassungsstellen der EU eine Tabelle mit Fahrzeugen vor, die aufführen, welche Fabrikate mit welcher Zuladung überhaupt für mehr als zwei Personen zugelassen werden. Im schlimmsten Fall heißt das für Sie: Fahrzeug auflasten und die Führerscheinerweiterung zum Führen von Fahrzeugen mit mehr als 3,5 Tonnen machen!

Denn egal, was Ihnen der Verkäufer auch erzählt, 100 Kilogramm Zuladung, wenn vier Personen im Wohnmobil sitzen und alles Zubehör schon aufgewogen ist, reichen nicht mehr aus für Urlaubsgepäck und Lebensmittel!

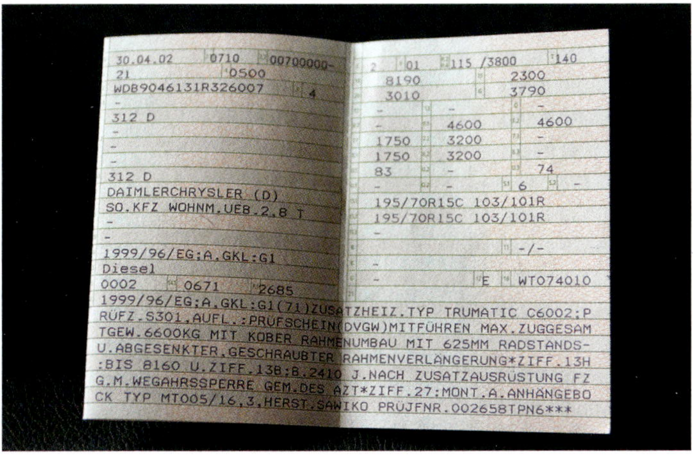
30.04.02 0710 00700000-
21 0500
WDB9046131R326007 4
-
312 D
-
-
-
312 D
DAIMLERCHRYSLER (D)
SO.KFZ WOHNM.UEB.2,8 T
-
-
1999/96/EG;A.GKL:G1
Diesel
0002 0671 2685

2 01 115 /3800 140
8190 2300
3010 3790
- - -
- 4600 4600
1750 3200 -
1750 3200 -
83 - 74
- - 6 -
195/70R15C 103/101R
195/70R15C 103/101R
-
-/-
-
- E WT074010

1999/96/EG;A.GKL:G1(71)ZUSATZHEIZ.TYP TRUMATIC C6002;P
RÜFZ.S301,AUFL.:PRÜFSCHEIN(DVGW)MITFÜHREN MAX.ZUGGESAM
TGEW.6600KG MIT KOBER RAHMENUMBAU MIT 625MM RADSTANDS-
U.ABGESENKTER,GESCHRAUBTER RAHMENVERLÄNGERUNG*ZIFF.13H
:BIS 8160 U.ZIFF.13B:B.2410 J.NACH ZUSATZAUSRÜSTUNG FZ
G.M.WEGAHRSSPERRE GEM.DES AZT*ZIFF.27:MONT.A.ANHÄNGEBO
CK TYP MT005/16,3,HERST.SAWIKO PRÜJFNR.002658TPN6***

Personenzahl bitte in der Zulassung prüfen!

Gehen Sie auf Nummer sicher

So schützen Sie sich und Ihr Wohnmobil

30

Was für Zuhause gilt, ist unterwegs mit dem Wohnmobil mindestens genauso wichtig: Ungebetener Besuch sollte nach Möglichkeit fern bleiben. Auch beim Wohnmobil unterscheidet man zwischen aktiver Sicherheit mittels Schlössern, zusätzlichen Verriegelungen oder ähnlichem und passiver Sicherheit durch Alarmanlage, Bewegungsmelder etc. Oberstes Gebot bei allen Maßnahmen ist der optimale Schutz bei Nacht, denn vermutlich niemand möchte den Einbrecher im Wohnmobil stehen haben, während man selbst anwesend ist. Hier ist die aktive Sicherheit gefragt! Je nach Wohnmobil-Aufbauart gilt es, verschiedene „Problemzonen" abzudecken oder zu sichern.

Aktive Sicherheit

Bei einem teilintegrierten Fahrzeug gibt es einfache Lösungsansätze. Die Originaltüren und Schlösser der Hersteller, egal ob Fiat, Renault, Mercedes oder Iveco, haben alle ihre Schwachstellen. Die einfachste Lösung stellt hier wohl eine Stahlkette aus gehärtetem Edelstahl dar, die zwischen die Türen gespannt und mit einem robusten Schloss versehen wird. Zum Schutz für die Türgriffe kann man diese einfach mit einer Isolierung, wie sie für Heizungsrohre vorgesehen ist, überziehen. Fertig ist eine simple und kostengünstige Variante zur Verriegelung. Ich habe diese jahrelang genutzt, und zwar nicht nur für die Nacht, sondern auch tagsüber, zum Beispiel während der Besichtigung von Städten.

Die Aufbautür kann je nach Bauart mit einem zusätzlichen Schloss versehen werden. Ist ein normales Schloss nicht möglich, verwenden Sie einen Bügel oder Drehriegel, wie er für Garagentüren häufig genutzt wird. Da dies nur funktioniert, wenn Sie das Fahrzeug von außen verschließen, gibt es auch für die Sicherheit bei Nacht eine einfache, aber sehr wirkungsvolle Lösung: Dabei wird eine Gurtschließe mit einer Kette verbunden und das Ganze in einen Rundhaken, der in der Aufbautür sitzt, eingehängt – fertig! Der Materialeinsatz kostet keine 30 Euro und ist sehr stabil. Das Bild veranschaulicht, wie genial einfach dieses System ist. Hinzu kommt der Vorteil, dass im Fall der Fälle, wenn Sie ihr Wohnmobil bei Nacht schnell verlassen müssen, keine Schlüssel suchen!

Ein integriertes Reisemobil hat ganz oft nur eine Fahrertür und die Aufbautür, bei der man identisch vorgehen kann. Bei der Fahrertür bietet sich ebenfalls eine Lösung mit Stahlkette an, die am stabilen Metallschlitten des Sitzes befestigt ist. Dann noch die Variante für die Tür mit Haken oder Schlaufe um den Griff wählen, und schon ist alles gesichert. Alle diese Maßnahmen sind in wenigen Sekunden umgesetzt und die Handgriffe gehen schnell in Routine über.

Oben: Zusätzliche Sicherung der Aufbautür bei Nacht
Links: Kann man auch selber montieren, den Gurtschloss-Halter

Die passive Sicherheit

Für die passive Sicherheit ist die Auswahl an Möglichkeiten schier unerschöpflich und lässt sich auf die Bedürfnisse der Passagiere abstimmen. Von der kompletten Alarmanlage inkl. Fensterkontakten, Bewegungsmeldern im Innenraum und Kameras zur Überwachung ist alles möglich. Lassen Sie sich am besten beim Händler ihres Vertrauens beraten oder nutzen Sie schon bei der Bestellung ihres Wohnmobils die Angebote der Hersteller ab Werk.

Ebenfalls sollten Themen wie Gaswarner oder Rauchmelder Beachtung finden. Vergessen Sie aber nie, dass passive Sicherheit aktive Maßnahmen nicht ersetzen kann.

Wann sind wir endlich da?

Die Frage aus Kindesmund

31

Ob auf längeren Fahrten im PKW oder im Wohnmobil: Kinder langweilen sich schnell und können dann, sind wir ehrlich, schon einmal zu kleinen „Nervensägen“ mutieren. Darum sollten einige Spiele, Bücher und Filme zur Grundausstattung eines Wohnmobils gehören und beim Einpacken nicht vergessen werden.

Haben die Kinder ihre Lieblingsspiele auf dem Handy oder Notebook, sind die Eltern meist fein raus. Wenn aber auch das Handyspiel langweilig wird oder zu Streitigkeiten zwischen den Geschwistern führt, dann sollten die Eltern ein paar aktive Spiele im Angebot haben. Oftmals haben schon unsere Eltern die folgenden Spiele mit uns gespielt:

„Ich packe meinen Koffer und nehme mit …“

Eine Person beginnt und packt in den Fantasiekoffer zum Beispiel ein Badehandtuch. Der nächste muss das Badehandtuch und einen weiteren Gegenstand einpacken. So geht es immer weiter. Der Koffer wird voller und jeder muss alle „eingepackten“ Gegenstände aufzählen. Wer einen Gegenstand vergisst aufzuzählen, hat verloren und spielt nicht mehr mit.

„Ich gehe einkaufen im Autohaus, Lebensmittelladen …“

Ein Spieler ist Verkäufer und ein anderer Mitspieler Käufer. Vorher werden Worte oder Zahlen festgelegt, die man nicht sagen darf, zum Beispiel weiß und schwarz, Auto, Kilogramm oder Pfund, ja und nein. Nun kommt der Kunde in das Autohaus, und der Verkäufer fragt: „Was kann ich für Sie tun?“ Der Kunde darf dann natürlich nicht sagen: „Ich suche ein Auto“ – denn das Wort Auto ist ja verboten. Der Verkäufer muss mittels geschickter Fragen versuchen, dem Käufer ein verbotenes Wort zu entlocken. Ist es passiert, hat der Kunde das Spiel verloren. Natürlich können bei diesem Spiel auch mehrere Personen zugleich Kunden sein. Umso turbulenter und kurzweiliger wird es!

Autokennzeichen raten

Seit der Reform 2012 gibt es wieder jede Menge Autokennzeichen aus kleineren Gemeinden und Orten. Wer kennt die meisten Kennzeichen der vorbeifahrenden Autos? Eine aktuelle Liste zum Nachschlagen sollte dabei vorhanden sein.

Eine Pause wirkt Wunder.

Sind die lustigen Ratespiele ausgereizt, können vielleicht im Vorfeld auf das Tablet geladene Filme helfen, die Langeweile zu mindern. Damit der Fahrer nicht abgelenkt wird, sollten die Kinder die Filme am besten mit Kopfhörern hören. Bei mehreren Kindern, die den gleichen Film sehen möchten, bieten sich Doppelstecker an.

Die meisten Kinder mögen außerdem gerne Hörbücher. Ein MP3-Player tut hier gute Dienste. Selbstverständlich funktionieren aber auch die üblichen Beschäftigungsmethoden wie Malbücher und Kartenspiele.

Grundsätzlich sollte man aber für alle Beteiligten die Fahrt an sich schon als Erlebnis planen. Mit spannenden Zwischenstopps können Sie die Anfahrt bereits schön in den gesamten Urlaubsspaß integrieren.

Welcher ist der richtige?

32

Führerschein ist nicht gleich Führerschein

In Bezug auf die Frage, mit welchem Führerschein man ein Wohnmobil bis 3,5 Tonnen, über 3,5 Tonnen bis 7,5 Tonnen und dann darüber hinaus fahren darf, ist das Jahr 1999 ganz entscheidend. Für diejenigen, die den Führerschein vor 1999 erworben haben, ist es relativ einfach. Sie dürfen Fahrzeuge bis 7,5 Tonnen führen, Gespanne aus Wohnmobil und Anhänger bis 18,5 Tonnen, aber nur bis zum 50. Lebensjahr, danach dürfen Sie nur noch Fahrzeuge bis 12 Tonnen fahren, außer Sie beantragen die Führerscheinerweiterung nach CE 79. Hierbei handelt es sich um einen einfachen Antrag, dem ein ärztliches Attest und ein Gutachten vom Augenarzt beigefügt werden muss.

Hier sind die alten, grauen und roten im Vorteil

Also alle, die einen grauen oder roten „Lappen" besitzen (oder besaßen), müssen bei Wohnmobilen bis 7,5 Tonnen nichts beachten.

Wurde der Führerschein nach 1999 erworben, ist bei einem Wohnmobil bis 3,5 Tonnen auch noch alles einfach.
Die Pkw-Klasse B erlaubt das Fahren von Wohnmobilen bis zu 3,5 Tonnen und zusätzlich einen Anhänger mit maximal 750 Kilogramm.

Wiegt das neue Reisemobil mehr als 3,5 Tonnen, muss die Führerschein-Klasse C1 erworben werden. Diese berechtigt, Wohnmobile ab 3,5 bis 7,5 Tonnen zu fahren. Daran darf noch ein Anhänger mit 750 Kilogramm gehängt werden. Die C1-Erlaubnis muss alle fünf Jahre mittels Vorlage eines Gesundheits- und Augenattests verlängert werden.

Wohnmobil und Anhängerbetrieb

Soll mit einem 3,5-Tonnen-Wohnmobil ein Anhänger mit mehr als 750 Kilogramm gezogen werden, braucht man die Klasse B 96. Hierfür ist eine eintägige Schulung in einer entsprechenden Fahrschule notwendig. Mit der Klasse BE darf das Wohnmobil 3,5 Tonnen und der Anhänger bis 3,5 Tonnen wiegen. Wiegt das Wohnmobil mehr als 3,5 Tonnen (bis 7,5 Tonnen) und soll es einen Anhänger mit mehr als 3,5 Tonnen ziehen, dann ist die Klasse CE nötig. Erforderlich sind dafür der Besitz der Klasse C1, ein Eignungsnachweis und ein Gesundheits- und Augenarztattest. Wohnmobil und Anhänger dürfen jetzt zusammen bis 12 Tonnen wiegen. Soll es nun ein richtiges „Dickschiff" sein, also über 7,5 Tonnen wiegen, dann ist ein

Lkw-Führerschein Klasse CE notwendig. Über Voraussetzungen und Kosten informieren die entsprechenden Fahrschulen gerne.

Führerscheine im Wandel der Zeit

Nur die Sterne und wir!

Erfüllen Sie sich einfach mal diesen Traum

33

Wer träumt nicht davon, wie in der Werbung die Nacht einsam im Wald oder am See in unberührter Natur zu verbringen? Ich rate Ihnen: Erfüllen Sie sich dieses besondere Vergnügen einfach. Wer in einem skandinavischen Land seinen Urlaub verbringt, dazu vielleicht sogar noch oberhalb des Polarkreises, der hat sicher kein Problem, den geeigneten Platz zu finden. Schwieriger wird es da schon in Deutschland. Besonders geeignet sind hier die Waldgebiete im Verlauf der ehemaligen deutsch-deutschen bzw. der deutsch-tschechischen Grenze in Mecklenburg-Vorpommern, Thüringen, Sachsen-Anhalt und Bayern, also in der Rhön, dem Harz oder dem Bayerischen Wald. Denn hier gibt es die besonderen Voraussetzungen: gut ausgebaute, zum Teil betonierte Forstwege und Verbindungsstraßen in den ehemals entlegenen Abschnitten, die heute oftmals nur noch von Einheimischen befahren werden. Oft sind hier über große Flächen hinweg keine Ansiedlungen oder störende Lichtquellen von Städten, Autobahnen oder ähnlichem.

Erlebnis der besonderen Art

Haben Sie da schon ein Fleckchen unberührte Natur im Auge? Dann entscheiden Sie, ob Sie die absolute Dunkelheit bei Neumond oder die Helligkeit der Nacht bei Vollmond vorziehen. Neumond hat gewiss seinen ganz besonderen Reiz. Wer einmal in stockfinsterer Nacht in seinem sicheren „Heim" dem Spiel der Geräusche gelauscht hat, wird dies niemals vergessen. Der Vollmond dagegen hat den besonderen Reiz, dass er die Welt mit seinem ganz besonderen Licht erstrahlen lässt. Besonders für Kinder ist dies ein Erlebnis, das keine Erzählung wiedergeben kann!

Trauen Sie sich einfach

Auch wenn es sich für Sie im ersten Augenblick vielleicht etwas ungewöhnlich anhört, ist dieser Abschnitt kein Lückenfüller. Nachdem Sie es selbst ausprobiert haben, werden Sie mir bestimmt beipflichten – ganz davon zu schweigen, wenn das Ereignis in die Brunftzeit der Hirsche fällt.

Als letztes möchte ich noch den Hinweis geben, dass man das auch wunderbar in Gemeinschaft mit zwei oder drei Wohnmobilen erleben kann. Dann sollten Sie sich allerdings so weit disziplinieren, nicht selbst zum störenden Umweltgeräusch zu werden.

Einfach frei sein!

Was machen wir denn jetzt?

Oder: Der Stellplatz ohne Brötchenservice

34

Im Zeitalter des modernen Wohnmobiltourismus hat eine ganz einfache Sache alles überlebt: Der Wunsch nach einem frischen Brötchen am Morgen! Selbst aus den Anfängen des Campingurlaubs gibt es alte Fotodokumente, die dies beweisen: Menschen, die am frühen Morgen Schlange stehen, um ihre „gebackene Teigkugel“ in Empfang nehmen zu dürfen. Heute kann ein Wohnmobil-Stellplatz noch so schlecht sein, aber ein funktionierender Brötchen-Service vor Ort wird dies in der Bewertung und Erinnerung seiner Gäste wettmachen.

Dabei begann alles mit einem Campingplatzbesitzer, der morgens frische Backwaren aus dem Ort zum Verkauf feilbot. Doch, oh Schreck, irgendwann waren Sie ausverkauft und die „Langschläfer“ bekamen keine mehr. So wurde das System verfeinert und man meldete seinen Bedarf am Abend vorher mit Namen sowie Anzahl des gewünschten Gebäcks an. Dieses Ritual hat sich bis zum heutigen Tag durchgesetzt. Dann betrat der Wohnmobil-Stellplatz die Bühne und veränderte die Lage erheblich.

Ein Himmelreich für ein Frühstücksbrötchen …

Melde sich früh, wer ein Brötchen möchte

Denn wer weiß am Nachmittag immer, wo er am nächsten Morgen erwachen wird? Also wurde daraufhin der Hinweis zum nächsten Bäcker in die Informationen zum Platz eingefügt, am besten noch mit genauer Entfernungsangabe – bis dann der erste Wohnmobilist dem örtlichen Bäcker den Hinweis gab, dass nicht weit entfernt hungrige Mäuler darauf warten, mit seinem Backwerk verwöhnt zu werden. So landete eine Auswahl seines Sortiments in seinem Auto und wurde fortan mindestens am Wochenende und in den Ferien dort direkt an die Frau bzw. den Mann gebracht.

Inzwischen, Sie dürfen es mir ruhig glauben, gibt es Bäcker, die zum Beispiel an der berühmten Mosel morgens bis zu zehn Stellplätze im Umkreis ihrer Ortschaft anfahren. Lange hat sich mir die Bedeutung diese Rituals nicht erschlossen, bis es mir eines Tages ein Wohnmobilnachbar erklärt hat: „Das morgendliche Frühstück mit frischen Brötchen signalisiert Urlaub, Freizeit und Entspannung!“ So einfach kann es sein. Also, wenn Sie Ihrem Nachbarn irgendwo auf dieser schönen Campingwelt etwas Gutes tun möchten, hängen Sie ihm morgens eine kleine Tüte mit frischen Brötchen an die Tür und er wird es ihnen nie vergessen!

... endlich!

Traumziele in Europa 3

35

Die ganze Vielfalt Frankreichs

Nicht umsonst stehen Deutschland und Frankreich in den Hitlisten der verkauften Wohnmobile seit Jahren auf den ersten beiden Plätzen. Dies sieht man auch an der Anzahl der angebotenen Wohnmobil-Stellplätze. Wobei man ganz ehrlich sagen muss, dass das Angebot an einfachen und kostenlosen Stellplätzen in Frankreich um ein Vielfaches höher ist als in Deutschland. Hinzu kommt, dass Frankreich mit seinen zwei Küsten, dem Mittelmeer und dem Atlantik, an sich schon viel zu bieten hat, vor allem mit der Sonne des Südens, denn selbst im Dezember können Sie noch bei angenehmen Temperaturen eine Wohnmobiltour ans Mittelmeer unternehmen.

Das Inland mit der Dordogne, dem Loiretal, der Ardèche, dem Elsass, der Alpenregion und den Midi-Pyrénées, das Languedoc, die Provence und die Côte d'Azur am Mittelmeer, die Normandie und die Bretagne an den Küsten des Atlantik – allein in dieser Aufzählung steckt das Potential für 20 Wohnmobilreisen und mehr.

Ein guter Reiseführer

Allein die Reiseliteratur des Bruckmann Verlages ist so umfangreich, dass der geneigte Leser es nicht leicht hat, die richtige Auswahl zu treffen. Die Infrastruktur des Landes ist als gut zu bezeichnen, auch wenn nicht überall die deutsche Perfektion erwartet werden darf. Aber dafür fahren wir ja zu unseren Nachbarn, um etwas anderes zu sehen und zu entdecken. Das französische Online-Angebot ist mit Apps wie „park4night" oder „homecamper.com" ebenfalls bestens sortiert. Hinzu kommt die Vignette von „France Passion", die Sie auf Wunsch für 29 Euro jeweils kostenlos für eine Nacht durch das ganze Land führt (siehe auch unter Abschnitt 17).

Am Strand der Normandie

Historische Altstädte, blühende Märkte, köstliche Küche und viel freie Natur paaren sich zu einem

Sonnenuntergang in der Normandie

wirklichen Erlebnis für die Sinne. Die Franzosen sind sehr gastfreundlich und besonders die jüngeren Generationen sehr hilfsbereit, wenn man der französischen Sprache nicht so mächtig ist. Vielleicht bietet sich die Anreise ja an, um sich wenigstens das Urlaubsvokabular anzueignen, das Sie übrigens auch in vielen Reiseführern als Kurzfassung finden.

Landstraße als echte Alternative

Für viele ist die Autobahngebühr ein Ärgernis, sicherlich aber kein Anlass, das Land zu meiden. Die gut ausgebauten Bundesstraßen (Routes nationales) verlaufen ganz oft parallel zu den Autobahnen und lassen ein erstaunlich gutes Vorankommen zu. Da die Autobahndichte bei weitem nicht so hoch ist wie bei uns, ist dies auch so beabsichtigt. Allerdings ist es mehr als empfehlenswert, auch einmal die kleinen Landstraßen zu wählen, denn nur sie bieten immer wieder tolle Überraschungen, die oft in keinem Reise- oder Campingführer zu finden sind.

Sei zum Schluss noch gesagt, dass neben den Stellplätzen die „Camping Municipal", Campingplätze, die in öffentlicher Hand und Verwaltung sind, zu einem oft erstaunlich guten Preisleistungsverhältnis eine meist einfache, aber gut gelegene Location bieten. Zum Tanken bieten sich die großen Einkaufsmärkte abseits der Städte an. Letzter Tipp: Bunkern Sie nicht zu viel Lebensmittel, denn auch die deutschen Discounter sind gut vertreten und bieten neben den Wochenmärkten viele regionale Produkte zu guten Preisen an.

Husten, Schnupfen, Heiserkeit

36

Was gehört in die Wohnmobilapotheke?

Die meisten Wohnmobiltouren werden innerhalb Europas unternommen und somit ist die medizinische Versorgung kein allzu großes Problem oder gar Risiko. In erster Linie sollten die notwendigen, individuellen Medikamente wie Herzmedikamente, Asthma- und Allergiemedikamente nicht vergessen werden.

Am häufigsten erwischt es den Urlauber ansonsten wohl mit Erkältungskrankheiten, Magen- und Darmunpässlichkeiten, Verstauchungen und Prellungen.

Mehr ist manchmal besser

Eine weitere Empfehlung ist auch die Mitnahme eines zweiten Erste-Hilfe-Sets. Auf den meisten Campingplätzen befindet sich an der Rezeption ein Aushang mit den Notrufnummern und Telefonnummern der örtlichen Ärzte. Auch auf vielen Stellplätzen findet sich diese Information oftmals an der Informationstafel an der Zufahrt. In den einschlägigen Reiseführern ist im hinteren Teil meistens ein Kapitel mit dem gängigen Notfallvokabular. Man sollte aber auch keine Scheu haben, Campingplatz-

Gängige Medikamente im Wohnmobil:

- Kopfschmerztabletten
- Paracetamol gegen Fieber und leichte Gliederschmerzen
- Hustensaft für Erwachsene/Kinder
- Buscopan gegen Bauchschmerzen verschiedener Art
- Kohletabletten bei Durchfall (auch für Kinder und Hunde)
- Movicol-Pulver oder Dulcolax-Tropfen bei Verdauungsproblemen wie Verstopfung
- ein Sportgel für leichte Verstauchungen
- Betaisodona zur Desinfektion von kleinen Wunden (auch für Kinder und Hunde)
- Augentropfen, z.B. Euphrasia gegen leichte Reizungen (auch für Kinder und Hunde)
- Gel oder Salbe gegen Insektenstiche
- Hydrocortisonsalbe für kleinere Entzündungen

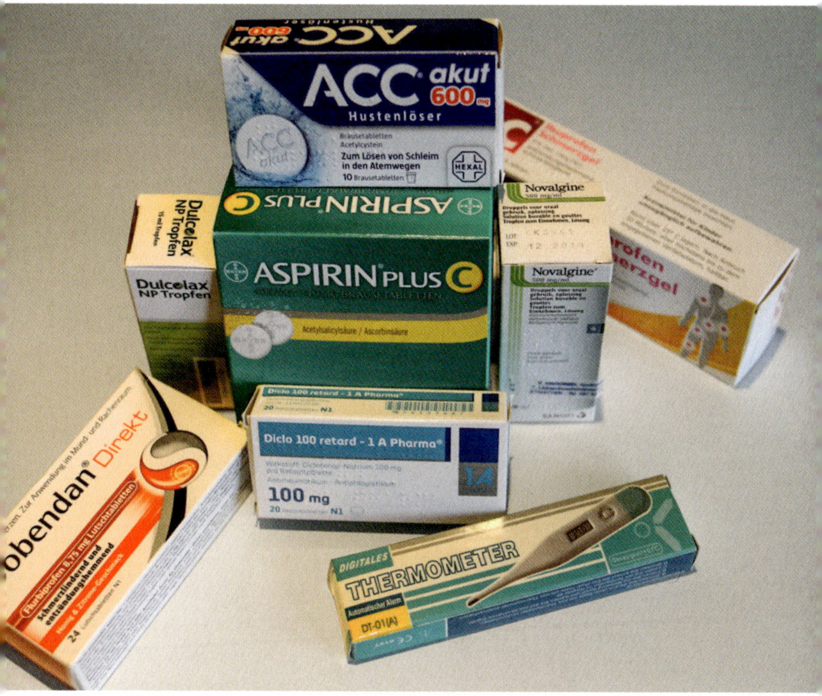

Die Reiseapotheke sollte nicht fehlen.

nachbarn anzusprechen – vielleicht sprechen sie die Landessprache und helfen gerne weiter. Denn jeder kann in solch eine Notfallsituation kommen und ist dann selbst froh, einen Dolmetscher zu haben. Zum Campen, ob mit Wohnmobil, Wohnwagen oder Zelt, gehört immer auch, sich gegenseitig zu helfen.

Grundsätzlich sollten nicht fehlen:

- Fieberthermometer
- Heftpflaster
- Mullbinden
- Kühlpads
- kleine Lupe, Schere und Pinzette
- Desinfektionsspray

Kochen, backen, improvisieren

37

La cuisine impromptue

Gutes Essen und Trinken gehört für die meisten Menschen wie schönes Wetter zu einem gelungenen Urlaub dazu. Das Wetter können wir leider nicht beeinflussen, das Essen schon!

Für die einen ist Essengehen und sich nicht um Einkauf, Zubereitung und Abwasch kümmern zu müssen, Urlaub, für andere wiederum ist Urlaub, sich die Zeit zu gönnen, auf Märkten oder in Lebensmittelgeschäften und Supermärkten einheimische Produkte zu erwerben und diese in Ruhe auszuprobieren. Jeder wie er mag und eine Frage des Budgets ist es auch.

Französischer Tipp für die Wohnmobilküche

Die Franzosen haben den Begriff „La cuisine impromptue" erfunden, was so viel bedeutet wie mit einfachen Mitteln ein köstliches Essen zu zaubern. In vielen neueren Wohnmobilen befindet sich neben den üblichen Drei-Flammen-Gaskocher ein integrierter Gasbackofen. Natürlich ist der nicht so groß und auch nicht mit so vielen Funktionen ausgestattet wie der in der heimischen Küche – aber er funktioniert grundsätzlich genauso, also Brötchen aufzubacken, Kuchen und Pizza zu backen oder einen Auflauf zuzubereiten ist kein Problem.

Die Einbaubacköfen sind fest an der vorhandenen Gasleitung angeschlossen. Meistens ist eine Abluftvorrichtung installiert und die Schränke daneben sind besonders gegen Hitze geschützt. Selbstverständlich lässt sich so ein Backofen auch Nachrüsten. Die Kosten hierfür betragen zwischen ca. 600 und 1.000 Euro plus Einbau. Man muss sich allerdings im Klaren darüber sein, dass so ein Festeinbau natürlich auch seinen Platz benötigt und somit Stauraum entfällt.

Es gibt aber auch gute Alternativen

Eine wäre beispielsweise der Omnia, ein portabler „Minibackofen" für die Gasflamme. Er hat ein Volumen von ca. 1,3 Litern und eine Standard-Springform mit sieben cm Höhe. Sein Gewicht beträgt gerade einmal 0,5 Kilogramm! Er besteht aus drei Teilen: einem schwarzen Stahlring, einer Springform aus Aluminium und einem roten Deckel. Durch das schornsteinähnliche Loch im Stahlring und in der Springform steigt die heiße Luft auf, stößt gegen den Deckel und wird von diesem durch das

Gargut hindurch wieder nach unten gedrückt. Es funktioniert perfekt. Die Fangemeinde des Omnia ist mittlerweile sehr groß und es gibt eigene Facebook-Gruppen, die sich ausgiebig dem Thema „Kochen und backen mit dem Omnia" widmen, sowie viele gute Koch- und Backbücher.

Im Restaurant „Wohnmobil"

Der Minibackofen aus dem Handel, mit oder ohne Grillfunktion, lässt sich wie Zuhause benutzen. Allerdings benötigt er „Haushalts-Strom". Er ist also nur dann zu benutzen, wenn man am Landstrom angeschlossen ist oder einen Wechselrichter mit ausreichend Kapazität hat. Ebenso verhält es sich mit einer handelsüblichen Mikrowelle: Auch diese funktioniert nur mit 230 Volt.

Im Campingzubehör werden Mikrowellen, Wasserkocher, Fön etc. auch mit 12 Volt angeboten. Mein Tipp ist, diese besser nicht zu kaufen. Sie funktionieren nicht sehr gut. Man könnte vergleichsweise auch versuchen, eine Tiefkühlpizza mit einem Feuerzeug zu einer knusprigen Pizza zu backen.

Recht neu, aber schon hoch gelobt ist der Infrarot-Backofen. Er soll das Gargut doppelt so schnell erhitzen wie ein üblicher Backofen und dabei bis zu 75 Prozent weniger Strom verbrauchen. Ein Infrarot-Backofen eignet sich zum Backen, Grillen, Braten und um Lebensmittel aufzutauen. Seine kulinarische Stärke besteht darin, Lebensmittel wie Hähnchen, Pommes Frites, Brötchen etc. ohne Zugabe von Fett besonders knusprig zu braten oder grillen. Aber auch hier wird Landstrom benötigt.

Ist das Wetter schön, wird wohl vor allem der Grill bemüht. Dieser benötigt Gas. Entweder man hat eine Gasaußensteckdose, oder der Grill wird an eine externe Gasflasche angeschlossen. Die hochpreisigeren Grills lassen in Bezug auf Kochen, Braten und Backen keine Wünsche offen. Jede Menge Zubehör wie ein Pizzastein oder eine Wok-Pfanne machen das Outdoorkochen zu einem Familienvergnügen.

Auf kochen und backen fast wie zuhause muss auch im Wohnmobilurlaub keiner verzichten. Mit dem richtigen Gerät und etwas Übung gelingen die tollsten Menüs.

Winterzeit im Wohnmobil

So wird es richtig gemütlich

38

Die Saisonkennzeichen zeigen eindeutig, wer gerne mit dem Wohnmobil in den Schnee fährt. Andere wiederum meinen, dass ihr Wohnmobil dafür nicht geeignet ist. Dabei muss man sagen, dass alle Heizungen ab Baujahr 1995 spielend mit der Kälte umgehen können und ab Baujahr 2000 werden sie immer komfortabler. Wer bereits über ein Gefährt mit beheiztem und doppeltem Boden verfügt, darf eigentlich schon fast gar nicht auf seinen Winterurlaub verzichten! Die Grundausrüstung des Fahrzeugs ist schnell bereitgestellt: als Bereifung je nach Gebiet Ganzjahresreifen mit M+S Kennung und Schneesymbol oder Winterreifen, dazu ein paar Schneeketten, eine Schaufel oder den guten alten Klappspaten – fertig ist die Grundausstattung. Die Kontrolle aller Flüssigkeiten, damit diese nicht einfrieren, ist dabei natürlich auch selbstverständlich.

Früh gebucht heißt gut gestanden

In den Wintersportgebieten Deutschlands wie Harz, Sauerland, Schwarzwald und natürlich vor allem im Allgäu ist mittlerweile ein richtiger „Boom“ ausgebrochen. Es gibt Plätze, da sollten Sie spätestens im August gebucht haben, sonst gibt es später nur „Restposten“ – wenn überhaupt. Sehr beliebt sind übrigens Campingplätze, die über ein Schwimmbad oder Wellnessbereich verfügen wie der der Familie Mayr am Hopfensee. Wer einmal in klirrender Kälte und wunderbarem Schnee auf einem Stell- bzw. Campingplatz seinen Weihnachts- oder Skiurlaub verbracht hat, wird dieses Erlebnis nicht mehr missen wollen. Wie soll man es am besten beschreiben? Zu dieser Zeit und unter diesen Bedingungen herrscht einfach eine ganz besondere Stimmung mit einem ganz besonderen Gemeinschaftsgefühl. Ja, auf manchen Plätzen ist im Winter am späten Nachmittag oder Abend mehr los als zur besten

Auch im Winter gefragt, der einfache Stellplatz

Sommerzeit. Für viele ist es der Reiz, den Naturgewalten zu trotzen und Dinge zu unternehmen, die zu dieser Jahreszeit einen ganz anderen „Kick" geben, nach dem Motto: Grillen im Sommer kann jeder und sich an einem Feuer zu wärmen, ist etwas anderes als nur die Atmosphäre zu genießen. Man will dabei sein, wenn mit der Morgendämmerung der Platz erwacht. Die Gasflaschen werden kontrolliert oder getauscht, man hilft dem Nachbarn, dessen Heizung in der Nacht gestreikt hat, man greift zum Besen und entfernt den Schnee vom Fahrzeug oder vom Weg zur Wohnmobiltür – einfach herrlich. Ob teilintegriertes oder vollintegriertes Fahrzeug, jeder hat nach einer gewissen Zeit sein System für sich entdeckt. Sehr hilfreich ist eine Thermo-Isolierhaube, mit der man die gesamte Frontmaske einpackt. Schön ist, wenn diese eine Öffnungsmöglichkeit zum Aufklappen hat und tagsüber Licht nach drinnen kommt. Sie ist ab 500 Euro im Zubehörhandel erhältlich und perfekt auf jede Form und Größe angepasst. Im Teilintegrierten hilft dann innen noch eine Decke im Fußraum, um die kalte Luft fern zu halten. Oft sieht man auch kleine Vorzelte oder den „Safari-Room" an der Markise, der den Eingangsbereich schützt, sodass man dort bequem und geschützt sein Schuhwerk anziehen bzw. Dinge wie Skier oder Schlitten abstellen kann.

Die Heizung schafft das!

Auch Dauertemperaturen von minus zehn Grad Celsius stellen für die modernen Wohnmobile keine wirkliche Herausforderung dar. Hierbei ist es egal, ob Sie eine Umluft- oder Warmwasserheizung haben. Diese Heizungen laufen getrost mehrere Wochen am Stück, und das müssen Sie auch. Denn bei Temperaturen ab fünf Grad brauchen Sie eine durchgehende Beschlagwärme. Das heißt, beim Verlassen stellen Sie den Temperaturwächter auf ca. 14 Grad ein und können dann bei der Rückkehr den Innenraum ganz bequem wieder auf die gewünschte Temperatur aufheizen. Ganz wichtig ist natürlich die Versorgung mit ausreichend Gas. Je nach Kälte benötigen Sie bis zu einer 11-kg-Flasche Gas in zwei bis drei Tagen! Die meisten Stell- oder Campingplatzbetreiber sind darauf eingestellt. Sollte dies mal nicht so sein, sind bestimmt auch Caravanbesitzer (auch sie haben Wintercamping schon lange für sich entdeckt) vor Ort, die Sie zu einer Versorgungsfahrt zum nächsten Baumarkt überreden können. Schön ist auch, dass immer mehr Familien mit Kindern für sich entdecken, wie schön eine Wohnmobil-Weihnachtszeit mitten im Schnee sein kann. Denn mit dem Tannenbaum vor der Tür und dem warmen Becher Kakao oder Glühwein in der Hand braucht man wirklich auf nichts mehr zu verzichten!

Wohnmobil und Wellness

Die Seele baumeln lassen

39

Gerade wenn es draußen kalt und schmuddelig wird, bekommt der Mensch Lust auf ein paar warme Verwöhntage. In der Sauna den Alltagsstress ausschwitzen, sich eine entspannende Hot-Stone-Massage gönnen, ein paar Bahnen im Pool ziehen und im warmen Whirlpool vom nächsten Urlaub träumen – das sind nicht nur Traumvorstellung! Zum einen stellen sich immer mehr Campingplätze auf Wellness-Urlaub ein, und zum anderen entdecken immer mehr Thermen die Wohnmobilisten als Kunden und richten Wohnmobilstellplätze, meistens unmittelbar an der Therme, ein.

Camping goes Wellness

Campingplätze mit Saunalandschaften, Whirlpool, Badelandschaften, Massageabteilungen und kosmetischem Wellnessbereich werden immer beliebter. Häufig gibt es Kombi-Angebote wie der Eintritt in die Badelandschaft ist im Stellplatzpreis inklusive oder pro Wohnmobil-Besatzung gibt es eine Wellnessmassage gratis. Zudem bieten immer mehr Thermen den Wohnmobilisten einen Stellplatz auf ihrem Gelände an. Bei einigen kann man sogar mit dem Bademantel vom Wohnmobil mittels überdachter Gänge oder unterirdischer Wege direkt in die Therme gelangen. Im Ernst: nach einem entspannten Thermentag in der eigenen Kuschelhöhle einzuschlafen – was gibt es Schöneres? Diese Form von Wohnmobilurlaub/Camping wird auch „Glamping", sprich Luxuscamping, genannt. Aber ja, wir wollen auch nicht auf den Luxus verzichten, den uns früher nur teure Hotels geboten haben. Die Angebote an Komfort-, Premium- oder De Luxe-Campingplätzen wächst stetig.

Lassen Sie sich verwöhnen – Wellness-Camping

In den einschlägigen Camping-/Stellplatz-Portalen müssen Sie einfach nur die gewünschten Kriterien eingeben und schon erhalten Sie eine Vielzahl an Plätzen. Sehr empfehlenswert sind auch persönliche Erfahrungen von anderen. Denn auch beim Glamping gilt: Nicht immer ist drin, was drauf steht!

40

Warum eigentlich nicht

So kommen Sie Ihrem Traum ein Stück näher

Über die Anschaffungspreise eines Wohnmobils haben wir schon einiges gehört. Damit es für viele nicht nur ein Traum bleiben muss, haben auch hier schon einige die Möglichkeit des Teilens für sich entdeckt. Besonders eine Nutzung des Wohnmobils durch unterschiedliche Generationen lässt sich hierbei wunderbar verwirklichen. Denn wenn das Kapital für jeden einzelnen nur zu etwas Kleinerem oder sehr Gebrauchtem reichen würde, dann können zwei Kassen schon eine völlig neue Situation entstehen lassen. Eltern bzw. Schwiegereltern und die Kinder könnten hier prima zusammenlegen: Während die jüngere Generation oft auf die Ferienzeit angewiesen ist, nutzt die ältere Generation das Wohnmobil einfach in der Nebensaison. Und auch die verlängerten Wochenenden kann man gut aufteilen. Und wenn die Großeltern die Enkel mit auf Reisen nehmen, dann können sich auch die Eltern einmal eine Auszeit gönnen.

Auch beim Wohnmobil-Sharing zwischen Freunden mit und ohne Kindern trifft das gut zu, denn sie haben bei der Zeitwahl oft ähnliche Vorrausetzungen.

Nicht nur die Anschaffung wird also beim Sharing halbiert, sondern natürlich auch die laufenden Kosten wie Versicherungen, Steuern, TÜV, Gasprüfung, Inspektionen, Hallenmiete oder anderes. Und zuletzt sollte man auch darauf achten, Arbeiten wie Waschen, Unterhaltspflege und Werkstatttermine gerecht aufzuteilen. Das sollte doch eine lohnenswerte Denksportaufgabe sein.

Beim Sparen egal: Eigentum oder Miete

Übrigens kann man das Wohnmobil-Sharing auch bei einem gemieteten Fahrzeug anwenden und so ebenfalls recht viel sparen, denn eine Miete für einen längeren Zeitraum wie vier Wochen ist meist günstiger und die Übergabepauschale fällt nur einmal an, ebenso die Kaution. Ein ganz besonderer Trick ist hierbei, wenn das Fahrzeug gleich im Bereich der Urlaubsregion verbleibt. Das heißt, dass eine Partei mit dem Wohnmobil, eine andere später mit dem Pkw in das Urlaubsland fährt. Dort lädt man um und die anderen treten dann mit dem Pkw die Heimreise an (hier sparen Sie sogar noch 50 Prozent der Vignette).

Dies gilt natürlich für viele andere Länder bis hin zur Fähre nach Großbritannien oder Skandinavien!

Mit Freunden oder geführt

Gruppenreisen mit dem Wohnmobil

41

Es gibt Menschen, denen macht das Verreisen in Gemeinschaft einfach mehr Freude. Man teilt das Erlebte, kann von dem Wissen anderer profitieren oder lässt sich einfach mittreiben, ohne viel Eigeninitiative einbringen zu müssen. Warum also nicht auch eine Gruppenreise mit Wohnmobil? Viele fühlen sich dann auch sicherer. Und wer kennt sie nicht, die Wohnmobilfahrer, die sich auf dem leeren Stellplatz zwei Meter neben dem anderen platzieren? Umso besser, wenn man sich kennt.

Unterwegs mit Freunden oder Unbekannten

Es gibt natürlich Freundeskreise, die sich zu einer Reisegruppe zusammenschließen und ein gemeinsames Ziel ansteuern, oder alternativ dazu eine Vielzahl professioneller Anbieter, die diese Reiseform gegen Gebühr anbieten. Hier wird alles geplant, von A wie Abendessen bis Z wie Zwischenstopp. Die Teilnehmer erhalten ein Roadbook, teilweise schon digital, das gleich noch die Navigation übernimmt. Schlimmstenfalls werden Sie mit einem Funkgerät ausgestattet, welches Ihnen Anweisungen gibt. Die meisten Anbieter verzichten dabei auf ein „Kolonnefahren", von dem auch wirklich abzuraten ist.

Für Wohnmobilfahrer mit gesteigertem Angst- oder Unsicherheitsgefühl ist diese Reiseform bestimmt eine gute Möglichkeit, gewisse Ziele zu erreichen, die man selbst vielleicht nie alleine bereisen würde. Es hilft, guten Rat bei sich in der Gruppe zu wissen. Bei diesen Touren muss man aber immer auch bereit sein, viel Individualismus aufzugeben.

Und auch bei der Tour mit Freunden sollte man gewisse Spielregeln einhalten bzw. gemeinsam festlegen. Der Vorteil dabei ist natürlich eindeutig, dass mit Menschen verreist wird, die man bereits kennt. Beschränken Sie sich auf maximal drei Wohnmobile in einer Reihe, sonst wird es für das Führungsfahrzeug einfach zu schwierig und es werden sich über den Tag viele Wartezeiten durch rote Ampeln oder ähnliches ergeben. Je nach Dauer der Tour sollten auch einmal „Auszeiten" von der Gruppe eingeschoben werden. Jeder sollte sich ohne Rechtfertigungszwang für private Unternehmungen verabschieden können, denn nicht alle haben immer und zu jeder Zeit die gleichen Interessen. Sie werden in der Praxis merken, dass dies ein ganz wichtiger Aspekt ist!

Tourismus per Wohnmobil

Sommerzeit im Winter

Überwinterungen in exotischen Ländern wie zum Beispiel Marokko sind ein tolles Gemeinschaftserlebnis. Vor allen Dingen die gegenseitige Hilfestellung bei Pannen oder in Notsituationen ist wirklich sehr beruhigend. Schön ist es, wenn mindestens ein Teilnehmer die Landessprache beherrscht. Viele, die im fortgeschrittenen Alter mit dem Wohnmobilfahren und Camping beginnen, haben auf diese Art und Weise schnell Vertrauen und Zutrauen gefunden. Ein guter Tipp, wenn Sie niemanden im Freundeskreis haben, der das Interesse für Ihr Reiseziel teilt: Geben Sie einfach eine kurze Anzeige in einer der Fachzeitschriften auf. Sie werden erstaunt sein, wie viele Gleichgesinnte Sie finden!

Campinggeschirr

Von Melamin bis Porzellan

42

Das Wohnmobil ist unser Teilzeit-Zuhause und der Campingtisch muss gedeckt werden. Das Geschirr im Wohnmobil ist, anders als im Küchenschrank zuhause, starken Temperaturschwankungen ausgesetzt und während der Fahrt „in Bewegung". Es muss also stabil sein, sollte nicht klappern, muss sich leicht reinigen lassen (die wenigsten werden eine Spülmaschine an Board haben) und sollte leicht sein. Denn, wie wir in einem anderen Kapitel erläutert haben, spielt das Thema Zuladung eine Hauptrolle beim Wohnmobilurlaub.

Das wohl meist verbreitete Geschirr ist das Melamingeschirr: Kaffeebecher, Sektglas, Teller und Schüsseln, ob bunt oder einfarbig, zum Kombinieren. Es ist bruchfest und besonders leicht. Hergestellt wird es aus Melaminharz. Aber auch bei Melamingeschirr gibt es günstige und teure Varianten. Beim Kauf sollte man darauf achten, dass es zu 100 Prozent aus Melamin besteht. Preisgünstigere Varianten sind oftmals nur mit Melamin ummantelt.
Vorteile: *robust, leicht, bruchfest, Auswahl an schönen Designs und Farben, oft werden ganze Sets angeboten*
Nachteile: *darf nicht über 70 Grad Celsius heiß werden – nicht in der Mikrowelle verwenden, Beschädigungen durch Kratzer mit Messer o. ä. verfärben sich unschön, Kaffee, Tee o. ä. können die Oberfläche verfärben*

Sehr im Trend ist zurzeit Bambusgeschirr. Bambus, eine sehr schnell wachsende Pflanze, ist als nachwachsender Rohstoff 100 Prozent natürlich – oder nicht? Leider meistens nicht! Denn die meisten Bambusgeschirre bestehen nur zu einem kleinen Teil aus Bambus und der größere Rest ist wiederum Melamin oder Kunststoff. Bambusgeschirr ist, wenn es sich um hochwertige Produkte handelt, ähnlich stabil und robust wie Melamingeschirr. Es ist fast ebenso leicht und in der Handhabung dem Melamin sehr ähnlich. Vorsicht ist bei heißen Getränken und Speisen geboten. Dem Bambusgeschirr fehlt eine Isolationsschicht, was dazu führt, dass es ziemlich heiß werden kann.
Vorteile: *stabil und bruchfest, Verfärbungen, Tomatensauce, Tee und Kaffeeränder lassen sich leicht entfernen*
Nachteile: *meistens nicht so ökologisch wie man denkt, teuer, mehr Gewicht als Melamingeschirr*

Platzsparend, die Faltschale aus Kunststoff

Die absolut „unkaputtbare" Variante ist Geschirr aus Edelstahl. Es sieht aus wie Edelstahl, verhält sich wie Edelstahl, kurz: Man muss es mögen. Wahrscheinlich überlebt ein Edelstahlgeschirr mehrere Wohnmobil-Neuanschaffungen, aber einen „Tischlein deck Dich"-Preis wird man damit wohl eher nicht gewinnen. Zudem ist es ziemlich teuer.
***Vorteile:** robust, stabil, hitzebeständig, kratzfest und keine Verfärbungen*
***Nachteile:** optisch nicht unbedingt ein Hingucker, teurer in der Anschaffung*

Campinggeschirr aus Glas (ein Material ähnlich dem früheren Jenaer Glas) ist sehr haltbar und robust. Es wird aus zwei verschieden harten Glasmaterialien hergestellt. Die Oberfläche ist extrem hart und hält auch schärferen Messerattacken stand. Es lässt sich sehr leicht reinigen und verfärbt nicht. Auch dieses Campinggeschirr ist extrem leicht und dank seiner besonderen Verarbeitung auch sehr robust.
***Vorteile:** stabil, hitzebeständig, kratzfest, wenig Gewicht*
***Nachteile:** höherer Anschaffungspreis*

Essen wie zuhause, vom Porzellangeschirr – kann man machen, aber es gibt einige gewichtige Nachteile. Es ist sehr zerbrechlich und schwer. Muss man sich um das Zuladungsgewicht keine Sorgen machen, bleibt noch die Frage zu klären, wie es ohne Schaden transportiert werden kann. Im Campingzubehör gibt es diverse sinnvolle (oder auch sinnfreie) Teller-, Gläser- und Tassenhalter-Vorrichtungen. Diese müssen in den vorhandenen Schrank passen und sind meistens nur während der Fahrt sinnvoll. Die Handhabung ist oftmals sehr umständlich. Hier ist Kreativität und Handarbeit gefragt: die Schränke mit Rutschmatten auslegen, zwischen die Teller Streifen aus Antirutschmaterial legen, Schaumstoffmatten einpassen und Löcher für Gläser und Tassen ausschneiden, wäre zum Beispiel eine Möglichkeit.
***Vorteile:** hitzebeständig, kratzfest, Geschirr-Feeling wie zuhause*
***Nachteile:** zerbrechlich, mehr Gewicht*

Fast jeder Wohnmobil-Neuling fängt mit Melamingeschirr an. Auf Messen oder im Campinghandel werden Sets mit allem Drum und Dran angeboten. Jeder macht dann seine eigene Erfahrung und merkt, dass Sekt oder Wein aus Plastik nicht so lecker ist!

43

Die Hitparade der Camper

Wer ist für Sie die Nummer eins?

So vielfältig wie die Auswahl der Wohnmobile, so unterschiedlich sind natürlich auch die Menschen, die mit ihnen reisen. Vielleicht ist sogar jemand dabei, den Sie so noch gar nicht wahrgenommen haben. Wer nun der Favorit ist, das entscheiden Sie bitte selbst – natürlich immer mit einem Augenzwinkern!

Nostalgiker
Sie machen eine Reise in die Vergangenheit und haben ihr Hymer-Mobil mindestens schon 30 Jahre in ihrem Besitz, inklusive dem Teppichbelag aus Schlingware und dem Wandbezug. Dazu gehören noch die ganz Schlauen, die sich einen Oldtimer mit H-Kennzeichen zulegen, damit sie jede Umweltzone befahren können.

Platzwart
Jeder Campingplatz, aber auch immer mehr Stellplätze, haben einen oder auch zwei. Sie dürfen Abkassieren, sorgen für Recht und vor allem für Ordnung. Sie sind entweder der Schrecken oder die gute Seele des Platzes. Höhepunkt ist die Einweisung beim Stellen, damit alle korrekt in einer Flucht stehen!

Abenteurer
Mit ihrem 4x4-Expeditionsmobil mit Wüstenreifen auf Lkw-Chassis erobern Sie die Welt. Sie thronen in 3,70 Metern Höhe und schauen mitleidig auf die „Weißware“ um sich herum. Höhepunkt ist, wenn sie aus der Seitengarage ihr in Camouflage lackiertes Quad Yukon Grizzly ablassen. Und das Ganze nur 50 Kilometer von zuhause entfernt, hatten sie doch vergessen, das ihr Monster 35 Liter auf 100 Kilometer verbraucht!

Rentner-Gang
Gespart bis in den wohlverdienten Ruhestand, versüßen sie sich ihr Leben nun mit ihrem Luxuswohnmobil mit Luftfederung und Hubstützenanlage. Auf dem Heck prangt der lustige Spruch „Wir verprassen das Erbe unserer Kinder“ und in der Heckgarage ist die perfekte Heimwerkstatt mit Ersatzteillager, denn jedem wird geholfen, ob man will oder nicht! Aber ihre Art ist liebenswert und nie aufdringlich.

Supereltern
Die Elternzeit wird im „Bulli" verbracht, damit Malte und Vanessa sich frei von Zwängen entfalten können. Alle Nachbarn lieben ihre Schiebetür und sind immer wieder erstaunt, wie sie dem Chaos zwischen Spielzeug, Matratzen, Fahrrädern und Flaschenwärmer Herr werden. Ja, wir zollen ihnen Respekt ob ihres logistischen Organisationstalents.

Dauercamper
Das Kennzeichen verrät, dass ihre Anreise höchstens 20 Kilometer beträgt und der kleine Zaun mit den süßen Blumenkübeln lässt darauf schließen, dass sie diesen Stellplatz zur zweiten Heimat erklärt haben. Kein Wunder, dass die Forderung nach Stehzeitbegrenzungen immer lauter wird, damit andere auch einen Blick auf die Mosel werfen können.

Surferboys
Die Gruppe typischer Junggesellen benutzt gerne den klassischen Einmalgrill, um Rauchzeichen an Poseidon zu geben, der ihnen möglichst viele Wellen bringen soll. In den südlicheren Gefilden oder dem bis vor kurzem ruhigen See treten sie meist in Rudeln auf. Ihre Musik begleitet alle in den Sonnenuntergang – schade, die Batterie war aber schnell am Ende!

Glamper
Sie wussten gar nicht, dass es Wohnmobile ohne Geschirrspüler gibt oder wie man einen Stellplatz ohne Strom aufsuchen kann. Vor der Tür liegt die Fußmatte von Ferrari und die Küche haben sie noch nie benutzt, Sie haben ja Urlaub! Leider haben sie bei der Einweisung auch nicht aufgepasst, wo die Notentriegelung der schlüssellosen Aufbautür ist.

Heimwerker
Sie fahren gezielt den gutbesuchten Stellplatz an, um den anderen ihr Leid zu klagen, in der Hoffnung, dass sich ein guter Geist ihrer Probleme annimmt. Danach beginnt die kleine Fahrzeugpflege mit Fensterputzen, Staubsaugen und Außenpolitur. Der Höhepunkt sind die Wagenpfleger, die den Wasseranschluss direkt am Platz gnadenlos ausnutzen.

Normalos
Die Durchschnittscamper wie Tausende andere. Sie sind nicht neidisch, gönnen jedem das seine und belästigen andere nur, wenn sie das wünschen. Sie können Geselligkeit genießen, genauso wie Ruhe, und helfen gerne aus.

Gebraucht-Kauf!

Augen auf, bevor man sich bindet

44

Der Erwerb eines gebrauchten Wohnmobils ist für viele der Einstieg, sich den Traum vom mobilen Reisen zu verwirklichen. Damit dies auch gelingt, sollte man einige Dinge unbedingt beachten. Neben den wirklich technischen Komponenten, die auch sehr fahrzeugspezifisch sind, gibt es viel Allgemeines zu beachten und Tipps, die dabei helfen sollen, das Projekt erfolgreich abzuschließen.

Das Budget trifft die Auswahl

Neben der Auswahl des Wohnmobils ist natürlich das Budget ausschlaggebend. Wer viel investieren will, sollte daher grundsätzlich auf ein Fahrzeug mit Garantie vom Handelshof zurückgreifen. Jetzt werden viele Fragen: „Warum das denn?" Zum einen sind durch den angespannten Gebrauchtmarkt die Fahrzeuge beim Händler zum Großteil nicht mehr teurer als die auf dem Privatmarkt und zum anderen sollten Sie wissen, ob Sie zum Beispiel einen kapitalen Motorschaden in den ersten Monaten des Erwerbs so einfach verkraften bzw. hinnehmen können. Ein Reisemobil-Schnäppchen in der Preisklasse bis 15.000 Euro ist sicherlich anders zu bewerten als ein Kauf ab 30.000 Euro aufwärts. Die üblichen Verkaufsplattformen im Internet bieten Ihnen viele Suchoptionen, die Sie auch leidlich nutzen sollten, da Sie so sicher sein können, nicht allzu viele Kompromisse bei Ausstattung und Technik eingehen zu müssen. Bleiben Sie konsequent in ihrer Preisklasse bzw. maximal 15 Prozent darüber, die man später eventuell herunterhandeln kann. Wenn Sie eine Garage für Ihre teuren Fahrräder möchten, verzichten Sie in keinem Fall darauf. Sie suchen ein Fahrzeug bis fünf Jahre? Dann schauen Sie nur bis zu einem Besitz aus zweiter Hand, denn junge Fahrzeuge aus dritter oder vierter Hand haben meist einen versteckten Makel, den vielleicht keiner so wirklich kundtun möchte!

Mein Tipp: Hochwertige Gebrauchtfahrzeuge in guter Auswahl finden Sie vor allen Dingen bei Händlern, die auch hochwertige, neue Wohnmobile verkaufen. Wer Fahrzeuge bis 250.000 Euro und aufwärts verkauft, nimmt auch einmal ein Fahrzeug für 70.000 Euro und mehr in Zahlung. Kaufen Sie niemals ohne Probefahrt und testen Sie bei konkreter Kaufabsicht oder auch vor Vertragsunterzeichnung, spätestens aber bei Abholung, alle Aggregate und Geräte. Lassen Sie die Heizung laufen, füllen und leeren Sie das Wasser, überlassen Sie nichts dem Zufall. Damit Sie möglichst

Großer Händler mit reichlicher Auswahl

spontan „zuschlagen" können, sollten Sie ihr Budget genau kennen bzw. auch wissen, wieviel Sie finanzieren können. Das erleichtert Ihre Verhandlungsposition. Die Angebotspreise privater und ausgefallener Fahrzeuge ab 80.000 Euro sind oft viel zu hoch bewertet. Vor allem der Einbau von Zubehör wird zu hoch angesetzt. Diese Verkäufer haben ganz oft schon einen zugesagten Preis des Händlers, wo Sie Ihr Neufahrzeug bestellt haben, und versuchen, so ein besseres Geschäft zu machen. Menschen, die ihr Hobby aufgeben, wollen ihr Wohnmobil – oft noch vor dem Preis – vor allen Dingen in guten Händen wissen.

Prüfen Sie ausgiebig alle Unterlagen, Service- und Garantienachweise. Lassen Sie die Finger davon, wenn Sie irgendwie ein ungutes Gefühl haben. Übrigens: Ein Fahrzeug im Kundenauftrag mit vorgefertigtem Kaufvertrag des vorherigen Besitzers gibt es nicht. Wenn der Händler dem Fahrzeug vertraut, wird er nicht zu dieser Variante greifen. Erwerben Sie Ihr gebrauchtes Wohnmobil bei einem Händler, der eventuell mehr als 200 Kilometer von Ihrem Wohnort entfernt ist, dann sollten Sie die erste Tour gleich nach Abholung im Umkreis starten. Dies gibt Ihnen die Gelegenheit, zum Beispiel eine Waage anzusteuern, um die zugesicherten Gewichte zu prüfen, oder bei groben Mängeln gleich wieder zum Händler zurückzufahren.

Reiseplanung mal anders

So wird die nächste Tour erfolgreich

45

Schon die Auswahl des nächsten Urlaubsziels ist ja nicht immer die einfachste. Im Ausnahmefall sind sich alle Beteiligten schnell einig, aber manchmal ist die Kluft zwischen Schweden und Griechenland schon sehr groß. Natürlich können Sie auch schon alles gesehen haben, das erschwert die Sache dann aber meist zusätzlich.

Das eigene Logbuch hilft bei der Planung

Wenn Sie ein Wohnmobil-Tourenbuch führen (siehe Kapitel 21), wird die Sache schon einfacher. Es gibt ja Länder, die kann man durchaus vier Mal bereist haben, ohne alles gesehen zu haben. Ein gewisser Reiz liegt oft darin, ein Land mal ganz anders zu bereisen wie bisher. Eine erste Möglichkeit wäre, nur die Region festzulegen, mehr nicht, und Sie werden sich wundern, wie toll das funktioniert: keine Reiseführer vor der Tour wälzen, Stellplätze suchen oder gar Campingplätze buchen. Gute Tourist-Informationen halten heutzutage umfangreiche Literatur bereit und versorgen Sie gerne mit allem. Und vor Ort bekommen Sie oft auch gute Geheimtipps, die Sie sonst gar nicht erfahren. Selbst in den Buchhandlungen werden Sie erleben, wie stark deutsche Verlage auch im Ausland vertreten sind.

Oder Sie nehmen sich vor, auf keinen Fall eine Straße der letzten Route zu befahren. Meiden Sie Mautstrecken und Autobahnen. Neue Perspektiven, die Sie so nicht kennen, vermitteln ein völlig neues Reisegefühl.

Spielen Sie mit den Wünschen aller Mitreisenden: Kindertag, Erwachsenentag, Frauentag, Männertag, jeder ist bei der Gestaltung aktiv dabei. Bei zwei oder drei Tagen Aufenthalt muss der Campingplatz mindestens ein „Must-have" von jedem erfüllen.

Nicht wegzudenken, die gute alte Karte

Bei Touren dieser Art macht man sich sehr unabhängig vom Wetter, denn wer nichts geplant hat, ist auch nicht enttäuscht, wenn etwas ins Wasser fällt, sondern fährt einfach weiter der Sonne entgegen. Ich kenne Wohnmobilisten, die auf solch einer Tour erstmals entdecken, wie unabhängig sie wirklich sind.

Übungseinheit Panne

46

Was tun, wenn es wirklich mal passiert?

Es ist alles an Bord: die Warnwesten, das Ersatzrad, der Wagenheber, der Erste-Hilfe-Kasten, das Warndreieck, die Notrufnummern für Mobiltelefon, die Anleitung zum Sperren der Kontokarte bei Verlust ...

Übung macht den Meister

Aber wo ist das denn alles, wenn ich es brauche, und vor allen Dingen: Wie funktioniert es? Da ist so eine Übungseinheit etwas sehr Wertvolles und Hilfreiches. Kontrollieren Sie aus Spaß einmal das Verfallsdatum Ihrer Erste-Hilfe-Ausrüstung. Sie ist vor drei Jahren abgelaufen? Klasse! Das ist die optimale Vorausetzung, das Paket zu öffnen, einen Verband und die Wundkompresse bei Verbrennungen anzulegen, überhaupt: sich einmal wieder bewusst zu machen, was es heißt, den Lieben im Fall der Fälle zu helfen. Klar haben wir gelernt, wie die stabile Seitenlage aussieht und eine Blutung richtig gestillt wird, aber wann? Können Sie Ihre eigenen Kinder beatmen bis der Rettungsdienst eintrifft?

Ja, wir haben sogar extra ein Reserverad gekauft, da uns das Reparatur-Set doch dürftig erschien. Wo ist der Wagenheber, wo wird er angesetzt, und reicht das Radkreuz ohne Verlängerung überhaupt, um die großen Schrauben der Transporterbereifung zu lösen? Es gibt Warnwesten, die passen eher einem fünfjährigen Kind als Ihnen, und das Warndreieck ist eingerostet oder gar bei der letzten Panne vergessen worden, einzupacken.

Schriftliches ist auch wichtig

Die Kreditkarte ist verloren oder noch schlimmer: Sie wurden bestohlen und die Notrufnummer zum Sperren war auch in der Geldbörse! Alle Rufnummern inkl. die der deutschen Botschaft sollten Sie schriftlich festhalten und an einer Stelle im Wohnmobil ablegen, am besten im Tresor! Diesen können Sie in vielen Fahrzeugen unter dem Beifahrersitz platzieren. Aber auch in den Doppelböden oder der Garage findet sich ein geeigneter Platz. Wichtig ist immer ihn fest mit dem Boden zu verschrauben, denn ein Langfinger hat nicht die Zeit mit schwerem Gerät zu arbeiten. Dazu geben Sie auch noch eine Kopie aller Ausweispapiere und des Führerscheins, damit sind Sie dann auf der sicheren Seite. Denn Sie wissen ja: „Uns wird schon nichts passieren“, das haben sich schon viele gedacht und dann kam es doch ganz unverhofft.

Traumziele in Europa 4

47 Bella Italia, wir kommen!

Das Land, die Kultur, die Gastfreundschaft, die Vielfalt – ein großer Genuss! Selbst wenn Sie ein Jahr lang mit Ihrem Wohnmobil umherreisen würden, verspreche ich Ihnen, dass hier alles aufkommt, nur keine Langeweile. 1.200 Kilometer, eingeschlossen von den Alpen Südtirols, dem Tyrrhenischen Meer im Westen, dem Ionischen Meer im Süden und der Adria im Osten. Dazu vor der Spitze des „Stiefels" die Insel Sizilien, über ihr Sardinien und viele kleinere wie Elba, Capri und unzählige Halbinseln wie Gargano oder von Sorrent.

Bella Italia, eine schöne Lebensart

Die italienische Lebensart, eine lange kulturelle Geschichte und die entspannten Menschen tragen dazu bei, dass man sich hier einfach wohlfühlen muss. Wohnmobil bzw. Camping sind auch für die Einheimischen eine beliebte Reise- und Urlaubsform, das macht es uns sehr bequem, hier gut zurecht zu kommen. Vom einfachen Wohnmobilstellplatz bis zum exklusiven Strandcamping wird alles bereitgehalten. Sicherlich sind die Preise zur Hochsaison zum Teil gewaltig oder, wie der Volksmund es vielleicht ausdrückt, „unverschämt". Oder sind wir einfach nur verwöhnt? Das möge jeder für sich beurteilen. Die schönsten Reisezeiten sind der Frühling,

An der italienischen Küste

Perfekter Stellplatz am Comer See, was will man mehr?

wenn das Leben erwacht, mit der Blüte in der Toskana, dem Piemont, im Latium oder der Apfelblüte in Südtitol, und natürlich der Herbst mit der Weinlese und den angenehmen Temperaturen, wenn der heiße Sommer nicht mehr auf der Haut brennt. Es ist dann die richtige Zeit, tief in den Süden des Landes einzutauchen. Apulien, Kalabrien und Sizilien sind dann die Ziele der Begierde. Als Reisedauer sollte man drei Wochen kalkulieren, da die Kilometerleistung von manchen Orten in Deutschland aus sehr beachtlich ist. Da kommen schon einmal 4.000 Touren-Kilometer zusammen. Die Ziele Sardinien und Sizilien erreichen Sie am bequemsten mit den Fähren aus dem nördlichen Genua. Die italienischen Fährlinien berechnen je nach Saison stark schwankende Preise, die Sie am besten auf Plattformen wie www.aferry.com vergleichen.

Immer schön: eine Rundreise

Für eine Rundreise bietet sich die Vignette „Fattore Amico“ an (siehe Kapitel 17). Hier können Sie kostenlos, meist für eine Nacht, auf landwirtschaftlichen Gütern einen Stellplatz finden. Besonders im Süden heißt es aber auch Augen auf, denn private Anbieter stellen oftmals einfach Schilder an den Straßenrand. Wenn Sie es organisatorisch einrichten können, sollten Sie die Zeit der traditionellen Werksferien meiden, denn viele Italiener verbringen den Urlaub gerne im eigenen Land. Auch in den touristischen Hochburgen wie der Toskana oder am Gardasee sollten Sie manchmal Geduld im Gepäck haben.

Herstellertreffen

48

Hier ist Ihre Marke gefragt

Nahezu alle Hersteller von Wohnmobilen haben in den vergangenen Jahren erkannt, wie wichtig der Punkt der Kundenbindung und die Zufriedenheit mit dem Produkt sind. Ein beliebtes Marketing-Instrument sind hier die Kundentreffen geworden. Ein- oder zweimal im Jahr werden „Rundum-Sorglos“-Programme angeboten, damit sich die Markentreuen richtig wohl fühlen. Diese können entweder auf Stellplätzen oder Campinganlagen stattfinden. In einem Paket erhalten Sie meist Übernachtung, verschiedene Ausflüge und kulinarische Genüsse der Region zu einem guten Preis.

Aktive Geselligkeit steht im Vordergrund

Geselligkeit wird hier natürlich großgeschrieben und gewünscht. Man muss aber nicht an allen Aktivitäten teilnehmen, sodass eine gewisse Individualität erhalten bleibt. Auf jeden Fall ist es eine gute Gelegenheit, andere Wohnmobile in Augenschein zu nehmen und dabei den einen oder anderen guten Tipp zu erhaschen. Vielleicht lernen Sie ja auch eine homogene Truppe für die nächste Urlaubstour kennen. Oftmals gibt es an einem Vormittag eine Art Wohnmobilfahrer-Flohmarkt, wo man vielleicht

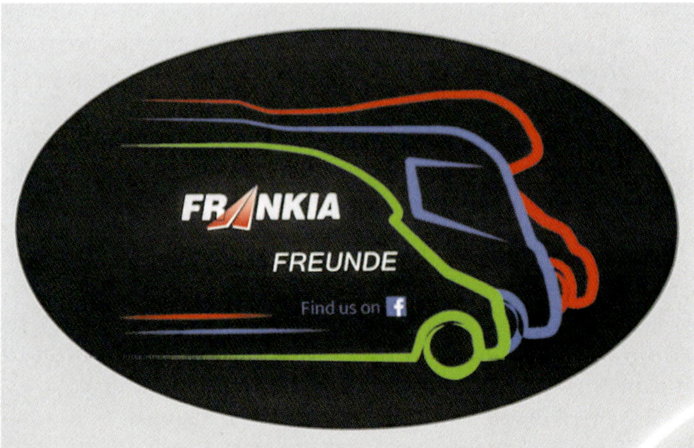

Man zeigt gerne Flagge für den Hersteller

Sehr beliebt sind Treffen beim Hersteller

nichtbenötigtes Zubehör loswerden bzw. günstig erwerben kann. Die Teilnehmerzahlen variieren bei solchen Veranstaltungen, die zum Beispiel zu Firmenjubiläen direkt am Werk stattfinden, zwischen 50 bis mehreren hundert Fahrzeugen. Meist haben Sie die Gelegenheit, auch die Menschen, die hinter den Produkten stehen, kennenzulernen, aber direkt auch Sorgen und Nöte, die Sie haben, anzusprechen. Komischerweise wird Ihnen hier ganz oft schneller geholfen als an der Kundendienst-Hotline im Werk.

Eine Verlängerung bietet sich an

Die Stellplatz- oder Campingplatzbetreiber geben sich meist besonders viel Mühe, ihre Gäste rundum zufrieden zu stellen, denn auch für sie ist das eine willkommene Werbung. Hinweise zu den verschiedenen Angeboten finden Sie am besten auf der Homepage der Hersteller oder Sie fragen einfach den Händler Ihres Vertrauens. Da Sie davon ausgehen können, dass immer besonders reizvolle Orte gewählt werden, kann man dies wunderbar mit einem Kurzurlaub verbinden.

Die rollende Pinnwand

49

Der Platz für Ihre Mitteilungen

Wer kennt ihn nicht, den beschrifteten „Hintern" des Reisemobils. Dieser Platz am Ende des ganzen ist aber auch einladend und jeder fährt an ihm vorbei. Längst sind nicht mehr nur schöne Landschaftsbilder oder Zeichnungen zu bewundern, sondern auch immer mehr Botschaften und Lokales aus der Heimat der Reisenden.

Nicht alles gehört auf die Pinnwand

Was nicht sehr empfehlenswert ist, sind Bekenntnisse zu Fußballvereinen, politische Äußerungen zu bestimmten Parteien oder Verunglimpfungen wie „Eure Armut kotzt mich an" (gesehen auf einem Luxus-Reisemobil). Dies spornt unter Umständen wiederum andere an, sich auch auf der Rückwand Ihres Wohnmobils zu verewigen!

Sehr beliebt ist übrigens auch der Europagrundriss, den man nach Fortschritt der bereisten Länder mit entsprechend bunten Aufklebern versieht, um das Puzzle zu füllen. Ich finde, dass diese Art der individuellen Gestaltung

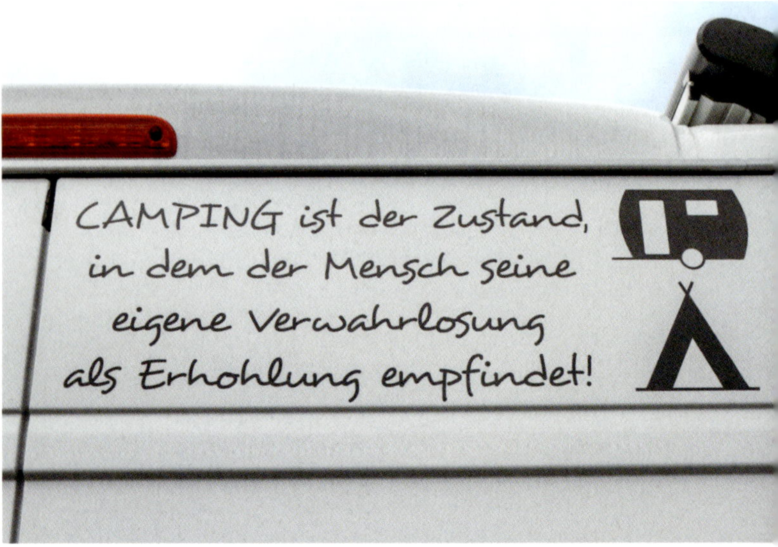

Viel Platz für Ihre Mittteilungen

Die aktuelle Sprüche-Hitliste:

- „Mer losse d'r Dom en Kölle"
- „Gruß aus dem schönen ..."
- „Waltraut und Herbert on Tour"
- „Wir verprassen das Erbe unserer Kinder", gerne auch als „Hier rollt das Erbe unserer Kinder"
- „Unterwegs im rollenden Fünf-Sterne-Hotel"
- „Zuhause auf der ganzen Welt"
- „Was sollen wir im Altersheim bei Magerquark und Haferschleim"
- „Zum Arbeiten zu alt, zum Sterben zu jung, zum Reisen topfit"
- „Life is a journey"
- „Nix wie weg"
- „Lebe deinen Traum"
- „Wir sind dann mal weg"

ein wenig Abwechslung auf die Stellplätze bringt. Übrigens haben wir das Konterfei unseres Hundes am Badezimmerfenster angebracht und freuen uns immer wieder über lachende Menschen, die winkend an uns vorbei fahren!

Ohne Worte

Der Wohnmobilfahrer-Gruß

50

Ist das heute noch aktuell?

Der Motorradfahrer-Gruß war jahrzehntelang ein gängiger Standard, Oldtimerfahrer und Führer seltener Fahrzeuge tun es auch, der Fahrradfahrer auf einsamer Strecke ebenfalls. Ein kurzer Wink, ein kurzes Hallo, man nimmt sich wahr und zeigt dem anderen, dass man sich vielleicht ein Stück weit verbunden fühlt. Wahrscheinlich ist man sogar etwas Besonderes, etwas nicht Alltägliches im Gewühl der großen Zivilisation.

Für den Wohnmobilfahrer war es in der „Urzeit" der Gemeinschaft mobiler Urlaubsreisender ebenfalls gang und gäbe, für einen kurzen Gruß im Vorbeifahren die Hand zu erheben. Ja, an ausgefallenen Reisezielen wie Griechenland etwa hielt man in der Einsamkeit sogar an und es gab einen kurzen Austausch über das Erlebte, das nächste Ziel, einen guten Tipp oder auch eine schlechte Erfahrung, die man so weitergeben konnte. Im Zeitalter ohne Google Mobile vom Tablet war das eine willkommene Abwechslung und Informationsquelle. Auch heute noch gibt es Menschen, die sich auf diese zufällige Art und Weise an Orten wie Marokko im Winter zusammen finden und vielleicht sogar anschließend einen Teil der Tour gemeinsam fahren.

Ein Gruß ohne Worte, der viel sagt

Aber eben auch nur, wenn man sich diesen kleinen Augenblick Zeit nimmt für den anderen, ihm signalisiert: „Ja, wir freuen uns ebenfalls, Euch zu sehen, wer immer Ihr seid!" Heute ist das Aufkommen an Wohnmobilen in manchen Destinationen so hoch, da wäre eine Klapphand schon hilfreich. So ist es aber nicht überall und viele mögen diesen Brauch bis heute und praktizieren ihn. Darum meine Bitte: Erwidern Sie ihn einfach, es kostet nicht viel, besonders wenn das Cockpit mit zwei Personen besetzt ist, dann kann man sich sogar aufteilen. Denn wir wollen weiter eine Gemeinschaft sein und auch die Neueinsteiger begrüßen oder der Kleine den Großen, der Einfache den Luxuriösen. Denn im Ernstfall oder bei einer Panne erinnert man sich vielleicht doch, wer einen so nett gegrüßt und wer nicht!

Echtes Küchen-Highlight

51

Der kleine Schwede aus dem Beutel

Der Omnia-Backofen ist seit über 30 Jahren in Schweden in fast jedem Haushalt vorhanden (siehe Kapitel 37). Seit einiger Zeit begeistert er auch die deutschen Camper und Bootsfahrer. Ohne Strom benutzbar, extrem platzsparend und leicht ist der transportable Backofen ein echtes Hightech-Gerät. In der Grundversion besteht er aus drei Teilen: einer Aluminium-Backform, einem Untersetzer aus Stahl und einem roten Deckel, verpackt in einem Stoffbeutel. Inklusive Bedienungsanleitung kostet er ca. 45 Euro. Viel Zubehör gibt es nicht – braucht es aber auch nicht: ein Aufbackgitter, damit die Aufbackbrötchen nicht am Boden anbrennen, für ca. 13 Euro und eine Silikonform zur leichteren Reinigung für ca. 17 Euro.

Mit der allmorgendlichen Frage: „Wo bekomme ich hier frische Brötchen her?" hat die Sache wohl angefangen. Ist kein Bäcker in der Nähe, kommt kein mobiler Bäcker auf den Campingplatz gefahren und hat man keinen eingebauten Backofen, wird es schwer bis unmöglich, frische Brötchen zum Frühstück auf den Tisch zu bringen. Der kleine Omnia hat dieses Problem in Nullkommanichts gelöst: Backofen mit Aufbackgitter auf den Gasherd gestellt, Aufbackbrötchen rein, Deckel zu und wenige Minuten später weht der Duft frisch gebackener Brötchen durch das Wohnmobil.

Große Küche mit dem „Kleinen"

Aber der Kleine kann noch viel mehr. Inspiration und Anleitung findet man in den vielen Koch- und Rezeptbüchern, die mittlerweile ihren festen Platz in den Regalen der Kochbuchabteilungen im Buchhandel oder auch bei Amazon einnehmen. Facebook-Gruppen tauschen Rezepte und Erfahrungen aus und diverse Blogger bereichern unsere Wohnmobilküche mit Rezepten aus fernen Ländern. Brotbacken aus einer Fertigmischung oder mit einer selbst kreierten Backmischung, Kuchen, Aufläufe, Quiches und sogar Pizza – selbst im tiefsten Wald oder in einer „gastronomiefreien" Gegend muss keiner auf Finesse verzichten.

Erstaunlich, der Backofen aus Schweden

Die große Tafel

Mobile Geselligkeit ist schnell geschaffen

52

Keine Angst, Sie brauchen nichts aufzusagen oder zum Besten zu geben – einfach nur die Campingmöbel unter den Arm nehmen und dabei sein! Wenn Sie noch nie an so einem „Round Table" teilgenommen haben, sollten Sie unbedingt die nächste Gelegenheit wahrnehmen. Bei schönem Wetter gibt es immer einige, besonders auf engen Stellplätzen, wo nicht jeder seinen Platz vor der Tür hat, die beginnen, Stühle und Tische in der Mitte der Gasse zu platzieren. Binnen kürzester Zeit werden die nächsten dem Beispiel folgen und ihren Einsatz bringen. Auf diese Art und Weise entstehen die kuriosesten Gelage. Denn auf den Durst folgt schon mal der Hunger, oder wenn die Essenszeit bereits vorbei ist, die Knabberzeit. Jeder trägt das bei, was er meint. Spezialitäten aus der Heimat, den selbstgebrannten Schnaps und ein besonderes Bier genauso wie den Sekt ohne Alkohol.

Auch wenn Sie auf den ersten Blick kein Fan solcher Ansammlungen sind, sollten Sie erst einmal an einer solchen Aktion teilnehmen. Wer es absolut nicht mag, lässt sowieso die Rollos runter und fährt die Fernsehantenne

Gern genutzt: die Picknick-Garnitur

Schnell gefunden: die gemütliche Camper-Runde

aus, frei nach dem Motto „jeder, wie er mag". Vielleicht entsteht aber gerade hier eine Stimmung, die Vorurteile abbauen kann oder durch die man verstehen lernt, warum der eine so und der andere so unterwegs ist. Man lernt die Menschen von einer anderen Seite kennen, die vielleicht von der vorhergehenden Einschätzung völlig abweicht. Es kann aber natürlich auch sein, dass alle genauso sind, wie Sie es erwartet haben, das ist dann aber auch völlig in Ordnung.

Gedankenaustausch im großen Kreis

Eine ganz interessante Variante ist es, wenn alle einfach mit Stühlen ohne Tische im Kreis sitzen. Da kann jeder mit jedem Kontakt aufnehmen und man ist nicht nur auf den Nachbarn zur Rechten oder Linken angewiesen. Sie werden sich wundern, wie viele Themen im Laufe eines solchen Beisammenseins auf die Tagesordnung kommen. Es ist ein Erlebnis, wenn Menschen unterschiedlichen Alters und Generationen einfach kommunizieren. Auch der treue Begleiter des Menschen nimmt hier sehr rege Teil und freut sich über die eine oder andere Streicheleinheit und ein Leckerli. Kinder lernen andere Kinder aus der Nachbarschaft kennen und das Smartphone dient einfach nur dazu, auch einmal ein Foto zu zeigen.

Missgeschicke I

53

Schranktüren und Fenster zu!

Viele Bücher sind geschrieben worden, das Internet ist voll mit Tipps und guten Ratschlägen, alle wissen alles und geben es auch gerne weiter. Gut geplant und mit allem Wissen gerüstet, geht es auf die erste große Fahrt. Kaum losgefahren, gibt es einen gewaltigen Rums und mit lautem Getöse fliegt die Besteckschublade aus dem Schrank oder die Kühlschranktür schlägt auf und die Milch ergießt sich über den Boden. Im besten Fall räumt man alles zurück an seinen Platz, putzt den Boden auf und wischt die Milch aus der Kühlschrankdichtung. Hat man aber Pech, dann ist die Schublade mit Scharnieren aus dem Schrank gebrochen und eine größere Reparatur steht nach dem Urlaub an.

Die Abfahrtskontrolle

Vor JEDER Abfahrt sollten Sie einen Blick auf alle Schränke und Schubladen werfen und kontrollieren, ob alle Klappen geschlossen und verriegelt sind! Gut gelaunt und voller Vorfreude schießt man nun in Richtung Autobahnauffahrt. Schauen Sie doch, die anderen Autofahrer freuen sich mit Ihnen und blinken Ihnen freudig zu! Oder haben Sie vergessen, die Trittstufe einzufahren? Bei den meisten Wohnmobilen fährt die Trittstufe mit Starten des Motors automatisch ein, zur Sicherheit gibt es eine Kontrollleuchte im Armaturenbrett. Ein Defekt, der nicht selten Auftritt, ist ein Kabelbruch im Verbindungskabel von Trittstufe zur Mototechnik. Auch hier gilt: Vor der Abfahrt immer mit eigenen Augen kontrollieren. Eine ausgefahrene Trittstufe kann an Bordsteinen oder anderen Hindernissen hängen bleiben und großen Schaden am Wohnmobil anrichten und schlimmstenfalls jemanden verletzen.

Was tun, wenn die Trittstufe eingefahren ist und das nette Blinken der anderen trotzdem nicht aufhört?

Der Wind, das himmlische Kind

Der Klassiker wäre ein offenes Dachfenster, das Fenster im Alkoven oder die ausgeklappte Satelliten-Schüssel. Die Dachfenster sollten nicht nur geschlossen sein, sie müssen auch verriegelt sein. Bei hohem Tempo kann der Fahrtwind die Dachluke aufklappen und im schlimmsten Fall abreißen! Der Schaden am Wohnmobil ist dann vorprogrammiert, noch schlimmer ist es aber, wenn andere Autofahrer getroffen werden.

Teuer! Trittstufe vor Abfahrt einholen

Missgeschicke II

54

Von Gießkannen und Stromkabeln

Die Anreise zum Campingplatz hat problemlos geklappt und ein schönes Plätzchen ist gefunden. Das Wohnmobil nur noch an den Strom anschließen, und der Urlaub kann beginnen. Aber wo ist die Stromsäule? Äh, die da hinten? Auf der Hälfte der Strecke zwischen Wohnmobil und Stromsäule ist leider das Ende des mitgelieferten Kabels erreicht. Nun wissen wir was fehlt: eine Kabelverlängerung, noch besser eine Kabeltrommel. Na dann eben kein Strom! Also Tisch und Stühle raus und die Energie der Sonne genießen. Aber wo ist der Tisch? Erst die Winterabdeckung raus, dann die Schneeketten, den Grill, die Kiste mit den Putzutensilien, und schon erspähen wir ganz hinten den Tisch und wissen: Da irgendwo sind auch die Stühle!

Was muss wirklich alles mit?

Wir lernen schnell, „unnützes Zeug" besser zuhause zu lassen und die Garage so zu packen, dass auch bei einem kurzen Aufenthalt die relevanten Sachen schnell zur Hand sind.

Die Tage vergehen und das Wasser im Tank wird dann auch schon einmal knapp. Also mit dem Eimer zur nächsten Wasserstelle und Wasser holen. Am Wohnmobil angekommen, steht man mit dem vollen Eimer vor dem kleinen Einfüllloch und fragt sich: „Wie soll das Große in das Kleine gehen?" Nach einem hilflosen Blick in die Runde der Campinggemeinde nickt einem ein freundlicher Mitcamper aufmunternd zu. Er bringt seine Gießkanne und das Rätsel ist gelöst. Mit der Tülle einer Gießkanne lässt sich der Frischwassertank gut befüllen.

Schön war's! Leider müssen wir uns auf die Heimfahrt machen. Schnell die Sachen eingepackt – natürlich die Schränke und Klappen kontrolliert, die Trittstufe ist auch eingefahren – und es kann losgehen. Plumps! Das waren die Auffahrkeile, auf denen wir eben noch gestanden haben. Nun haben sie sich im Radkasten verkeilt. Eine andere Variante sind die nicht eingekurbelten Stützen, auf denen wir gerade noch standen. Sind sie nur verbogen, so haben wir Glück gehabt. Schlimmer geht es aber immer: Die Stützen haben sich verkeilt und der Rahmen ist verbogen.

Für allgemeine Heiterkeit sorgt auch das vergessene Stromkabel. Auf der einen Seite steckt es in der Stromsäule und auf der anderen Seite in unserem Wohnmobil. Wer wird das Tauziehen gewinnen?

Missgeschicke III

Die Entsorgung

Vor der Weiterfahrt bzw. Heimfahrt wird entsorgt, also das Grauwasser abgelassen und die Toilette entleert. Aber wo war nochmal die Entriegelung für das Grauwasser? Bei den meisten Wohnmobilen befindet sie sich in unmittelbarer Nähe zum Ablass. Manche Hersteller und Modelle geben aber auch erfahrenen Wohnmobilisten Rätsel auf. Also: zuhause suchen und sich die Stelle merken, denn die Entsorgungsstationen laden nicht gerade zu einem längeren Aufenthalt ein und meistens wartet schon ein ungeduldiger Mitstreiter. Was auf geht, muss auch wieder zu! Ein Rest Grauwasser verbleibt immer im Tank und es ist absolut unschön und unnötig, diesen Rest als Schleifspur hinter sich her zu ziehen.

Die Toilette sollte auch immer, wenn sich einem die Möglichkeit bietet, entleert werden. In der Regel gibt es an der Entsorgungsstation zwei Wasserhähne bzw. Schläuche: einen, mit dem man seinen Frischwassertank auffüllt, und einen anderen, um sein Chemieklo zu spülen. Eine eiserne Regel lautet: Spülen Sie niemals, wirklich niemals, mit dem Frischwasserschlauch die Chemietoilette! Sofort setzen sich sonst die Keime aus der Toilette an dem Schlauch ab und er ist für alle Mitcamper unbrauchbar, weil er kontaminiert wurde. Um ganz sicher zu sein, dass man sich keine Keime in das Frischwasser holt, ist es sinnvoll und ratsam, einen eigenen Wasserschlauch dabei zu haben.

Aber keine Sorge. Mit jeder Fahrt wird man schlauer und bald kehrt bei all dem die Routine ein.

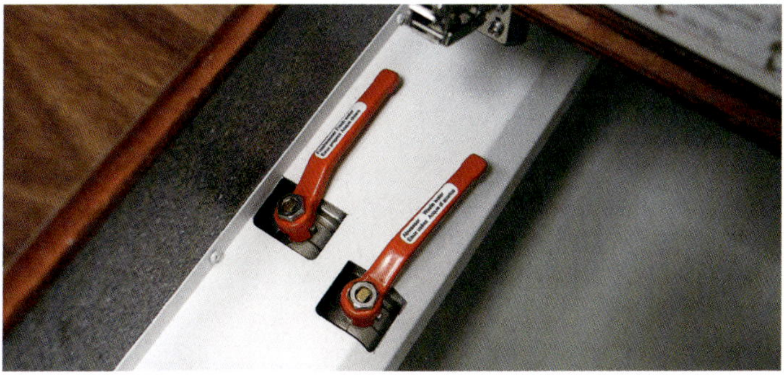

Bitte nur an der Entsorgung öffnen!

Das teuerste Wohnmobil

56

Mehr geht immer

Das billigste Wohnmobil lässt sich bestimmt ganz schwer küren, sonst baut sicherlich ein windiger Hobbykonstrukteur einen bewohnbaren Pappkarton auf ein Rasenmähergestell! Das teuerste Wohnmobil hat es schon des Öfteren gegeben, oder wenigstens gibt es Kandidaten, die das von sich behaupten. Wir versuchen einmal, eine Top-Drei-Liste der teuersten Wohnmobile zu kreieren:

Platz drei: Volkner Performance mit Ferrari-Garage: zwei Millionen

Platz zwei: Furrion Elysium: 2,5 Millionen, mit Hubschrauber Landeplatz

Platz eins: eleMMent Palazzo von Marchi Mobile Vienna: 2,7 Millionen

Variomobil mit Seitengarage

„Ich hätte da mal eine Frage“

57

Genussreisen mit dem Wohnmobil

Eine Genussreise mit dem Wohnmobil – was stellen Sie sich darunter vor? Das Durchfahren besonders schöner Landschaften? Bei offenem Fenster einen leichten Saharawind durch das Wohnmobil wehen lassen? Auf der Strandroute an Dänemarks Küste entlang schweben? Nein, weit gefehlt! Eine Genussreise kann zum Beispiel so aussehen: Sie genießen während einer siebentägigen, geführten Gruppenreise mit dem Wohnmobil mindestens einmal täglich ein Menü oder Büffet, Führungen und Verkostungen auf Weingütern beispielsweise in der Toskana sowie als Höhepunkt täglich eine frische Brötchentüte an ihrer Fahrzeugtür!

Ordentlich zur Kasse gebeten

Die Übernachtungen finden überwiegend unversorgt an den Weingütern statt. Zu Ihren Lasten gehen dann noch die An- und Abreise, Parkgebühren, sonstige Mahlzeiten, Trinkgelder und Getränke, die in den Mahlzeiten nicht enthalten sind. Da am ersten Tag die Anreise stattfindet und der letzte Tag die Abreise ist, verbleiben also effektiv und wohlwollend 5,5 Tage Programm, und das ganze zum unschlagbaren Preis von 1.720 Euro für zwei Personen im Wohnmobil. Macht nach Adam Riese, dem berühmten Mathematiker, nur 312 Euro pro Tag!

Der Wohnmobilist ist neuen Dingen immer aufgeschlossen und jeder möge für sich entscheiden, was ihm sein Urlaub wert ist. Aber für die gleiche Summe ließe sich auch ein 14-tägiger Aufenthalt auf der Insel Elba organisieren und nette Menschen, mit denen man Essen gehen kann, trifft man dort bestimmt auch. In diesem Sinne: Eine schöne Genussreise!

Genussreise muss nicht teuer sein

Traumziele in Europa 5

Das Baltikum und seine Natur

58

Seit ihrem Beitritt zur Europäischen Union hat sich in den Ländern Estland, Lettland und Litauen viel bewegt. Nicht nur die Hauptstädte Tallin, Riga und Vilnius erstrahlen in neuem Glanz, sondern die gesamte baltische Region. Gastfreundliche Menschen heißen Sie willkommen und geben sich viel Mühe, Ihnen einen schönen Aufenthalt zu ermöglichen. Hier ist noch lange nicht alles perfekt, aber genau das macht den besonderen Reiz aus. Es gibt noch viel zu erkunden und zu entdecken und die Natur wirkt oftmals unberührt. Es gibt viele Orte, die einfach zum Bleiben einladen und an denen oftmals kein Mensch fragt, wenn Sie einfach dableiben.

Der Glanz des Sommers

Im Sommer erblühen die Regionen der Hauptstädte zu vollem Glanz und alles ist in positiver Stimmung, was nach den langen und harten Wintern auch kein Wunder ist. Viele junge Leute sind geradezu in einer fortwährenden Aufbruchstimmung. In diesen Ländern sind moderne Medien und Social Media gelebter Alltag, mit Verlaub, da können wir uns mehr als eine Scheibe abschneiden. Kein Internet-Empfang ist hier fast schon ein Fremdwort!

Einsamer Stellplatz im Baltikum? Finden Sie!

Die Küste Littauens

Die Reisewege lassen keine Wünsche offen. Bei ausreichend Zeit, zum Beispiel drei Wochen, dann reisen Sie von Schweden über Finnland mit der Fähre an. Bequem geht es von Sassnitz bis an die Westküste Litauens nach Klaipeda oder den kompletten Landweg durch Polen zwischen der russischen Enklave Kaliningrad (ehemals Königsberg) und Weißrussland hindurch. Besonders Polen mit Masuren und der Danziger Bucht an der Ostsee ist eine sehr unterschätzte Traumroute.

Auch wenn die drei Länder nicht mal halb so groß sind wie Deutschland und die Bevölkerungszahl gerade einmal bei etwas über sechs Millionen liegt, bieten sie einen unglaublichen Reichtum an Stille und Natur, die einen absolut erholsamen Urlaub garantiert. Angenehm ist, dass die älteren Einwohner gut deutsch und die jungen Menschen sehr gut Englisch sprechen. Zudem sind es sehr günstige Reiseländer. Das gilt sowohl für den Einkauf auf dem Markt als auch für den Besuch eines Restaurants.

Tradition und viel Sonne

Alte Bräuche und viele Feste, besonders um die Zeit der Sonnenwende, wenn die Nächte zum halben Tag werden, laden Sie ein, dabei zu sein. Sie sind ohne Vorbehalte mitten drin, statt nur dabei, und eine Übernachtung auf einem der vielen privaten Grundstücke, die ihre Schilder einfach am Straßenrand postieren, sollten Sie auf keinen Fall verpassen. Haben Sie dann noch ein kleines Gastgeschenk aus Ihrer Heimat dabei (da reicht durchaus eine Flasche Bier, Schokolade oder was auch immer), kann es durchaus sein, dass ein spontanes Grillfest daraus wird, das Sie so schnell nicht vergessen werden!

Die neue Mobilität

59

Mein elektrischer Antrieb und ich

Mal ehrlich: Wie viele Kilometer haben Sie früher alleine oder gemeinsam am Tag zurückgelegt und wie viele können es heute sein? Die Erfindung und Weiterentwicklung der Elektroantriebe von Fahrrädern haben ein völlig neues Zeitalter in der Mobilität anbrechen lassen. Heute werden Etappen unter die Räder genommen, bei denen man in der Vergangenheit schon vor der Abfahrt kapituliert hätte.

Was ist es denn jetzt?

Widmen wir uns aber ganz kurz den Begrifflichkeiten. Das meistverkaufte elektrisch unterstützte Fahrrad ist das Pedelec. Seine Fahrleistungen enden mit einer Geschwindigkeit von 25 km/h. Das weitläufig als E-Bike bezeichnete Fahrrad kann dagegen schon eine Geschwindigkeit bis zu 40 km/h erreichen und enorme Fahrleistungen erbringen, die einem Moped gleichen. Sie können auch ohne Unterstützung des Fahrers auf Knopfdruck fahren, dann besteht ab sechs km/h Helm- und Anmeldepflicht wie bei einem Mofa oder Moped. Ich denke, wir einigen uns auf die

Macht Spaß: unterwegs mit dem E-Bike.

Jedem das Seine.

Bezeichnung E-Bike und jeder weiß, worum es geht. Das Pedelec fährt nicht ohne Pedalkraft, sondern unterstützt die Anstrengungen des Radlers. Dies jedoch, je nach Motorleistung bis 500 Watt, ganz hervorragend und für eine ganze Weile, denn die Akkus der neuen Generation reichen selbst bei maximaler Leistung für 60 Kilometer, auf normalen Tourenleistungen über 100 Kilometer.

Die neue Beweglichkeit

Selbst in den bergigen Abschnitten sieht man nun vermehrt begeisterte Radfahrer, die früher eher nur um die Ecke zum nächsten Ort gefahren sind. Heute ist es so viel leichter, Etappen von 40 Kilometern und mehr zu bewältigen – vorausgesetzt, das Hinterteil macht alles gut mit. Denn hier gibt es keine Hilfe, außer, wie früher, die bequeme Hose oder den gepolsterten Sattel. Das schönste an dieser Entwicklung ist, dass immer mehr Motorroller aus dem Bild des Stellplatzes verschwinden. Hier sollen natürlich keine Empfehlungen für eine Marke oder eine bestimmte Technik gegeben werden, sondern nur die Bitte: Lassen Sie sich im Fachhandel beraten und denken Sie vor allen Dingen an gute Bremsen und stabile Rahmen, die bei Billigangeboten oft zu kurz kommen. Ein gutes Pedelec beginnt preislich bei etwa 2.000 Euro.

Aktiv am Zielort

60 So sind Sie immer mobil

Die Mobilität am Zielort ist für viele ausschlaggebend bei der Auswahl desselbigen. Dazu gehören öffentliche Verkehrsmittel, Fahrradwege und -touren, Wanderwege, aber auch Schiffstouren oder ähnliches. Gerade für ehemalige Caravan-Camper ist der Verzicht auf das Auto, das man ja immer dabei hatte, nicht so leicht. Darum ist es wichtig, ein breites Spektrum zu nutzen, um auch möglichst viel zu erleben.

Beliebt: die Kurtaxe

Viele Destinationen verlangen inzwischen eine Kurtaxe oder Ortsabgabe, die dann die Nutzung der öffentlichen Verkehrsmittel beinhaltet. Eine tolle Sache, die man unbedingt in seine Freizeitgestaltung einbauen sollte. Eine Strecke mit dem Fahrrad bewältigen und den Rückweg mit dem Zug antreten – klasse! Genauso kann man auch interessante Wanderrouten im One-Way-Modus planen. Oft bietet es sich alternativ an, ein Mehrtagesticket zu erwerben. Die touristisch erschlossenen Örtlichkeiten haben so etwas nahezu alle im Angebot. Auf diese Art und Weise lassen sich auch

Erholsam: einfach mal fahren lassen!

Immer gut der öffentliche Nahverkehr

komplexe Strecken wie der South West Coast Path in Südengland bewältigen. In der Mitte stehen, eine Etappe vor- oder zurückgehen und mit dem Bus zum Wohnmobil heimkehren: So könnte ein Urlaub entlang einer Route aussehen. Am dritten Tag geht es weiter zum nächsten Mittelabschnitt. So genießen Sie die Landschaft bei der Wanderung und Überlandbusfahrt. Auch kleine Hunde kommen hierbei auf machbare Laufleistungen.

Günstige Alternativen

Weitere Alternativen sind zum Beispiel die gemeinschaftliche Fahrt im Taxibus zum nächsten Ort. Fragen Sie einfach mal herum, Sie werden sehen, dass sich gern andere anschließen. Und nicht zuletzt vergessen viele tatsächlich, dass man ja auch das Wohnmobil nutzen kann. Meist ist man in 15 Minuten startklar. Am Abend kehrt man zurück und konnte sich davor sogar noch Ver- und Entsorgen.

Wenn Sie all diese Möglichkeiten in Ihre Planung mit einbeziehen, werden Sie sehen, wie flexibel ein „stehendes" Wohnmobil sein kann. Im Übrigen ist vieles davon sehr viel reizvoller, als ein Auto auf dem Anhänger mitzunehmen, aber jeder, wie er will, aber nicht beschweren, wenn für den Trailer eine Extra-Stellgebühr fällig wird!

My Home is my Wohnmobil I

Ein ganzes Jahr unterwegs

61

Das hört sich sicher an wie sechs Richtige im Lotto, es ist aber viel besser! Wie oft sagt man die Worte oder hat sie mindestens genauso oft gehört: „Wenn wir mal viel Zeit haben, dann fahren wir nach ...“. Auch wenn Sie vielleicht (noch) nicht dazu gehören, es gibt immer mehr Menschen, die sich diesen Luxus gönnen. Denn es gibt Berufsgruppen wie Beamte oder Angestellte im öffentlichen Dienst, für die ist ein „Sabbatjahr“ eigentlich zum Greifen nah. Man erhält für eine gewisse Zeit weniger Gehalt, zum Beispiel für fünf Jahre 20 Prozent weniger, und ist das sechste Jahr bei eben dieser Gehaltszahlung dafür aber unterwegs.

Aber auch „normale“ Arbeitnehmer finden immer öfter einen Weg, sich für eine gewisse Zeit zu verabschieden, wenn es vielleicht auch nicht gleich immer ein ganzes Jahr ist. Diese Erfahrung und das Erlebnis kann einem dann keiner mehr nehmen! Also, sollten Sie irgendwie die Chance haben: verwirklichen Sie es. Ist der Entschluss gefasst, gilt es viel vorzubereiten. Neben den ganzen organisatorischen Dingen Zuhause wie: wer kümmert sich in der Abwesenheit um Wohnung oder Haus und nimmt die Post entgegen, geht es natürlich noch weiter mit dem Thema Krankenversicherung, Daueraufträge für laufende Kosten und Ähnlichem.

Traum vieler Wohnmobilisten: ein Jahr unterwegs

Auszeit für Mann und Hund

Wieviel Reiseplanung braucht man?

Dann kommt die Reiseplanung je nach Zielauswahl. Meine Empfehlung: Suchen Sie sich die grobe Richtung aus – und los geht es. Selbst Fähren muss man nicht unbedingt buchen, es sei denn, Sie möchten an einem bestimmten Tag an einem bestimmten Ort eintreffen. Sonst gibt es gerade außerhalb der Saisonzeiten manches Schnäppchen zu machen, wenn auf einem Schiff vielleicht nur noch genau der Platz für Ihr Wohnmobil ist. Wenn Sie sich für ein südliches Reiseziel entscheiden, werden Sie sich wundern, wie viele Wohnmobilisten dort für länger unterwegs sind. Sie werden viele Tipps aufschnappen oder Begleiter für Etappen finden. Den Jakobsweg zu pilgern, während man mit dem Wohnmobil begleitet wird, ist durchaus möglich. Nehmen Sie nicht mehr Gepäck mit, wie wenn Sie in einen zwei- oder dreiwöchigen Urlaub fahren würden, damit Sie sich nicht unnötigen Ballast aufladen. Selbst in Marokko finden Sie eine Waschmaschine! Für eine Tour von Nord nach Süd (zum Beispiel von Skandinavien bis Portugal) sollten Sie vor dem Sommer im Norden starten, damit Sie dann zum Herbst/Winter den sonnigen Süden erreichen. So werden Sie immer mit gutem Wetter unterwegs sein.

My Home is my Wohnmobil II

Die Auszeit beginnt

62

Toll, Sie haben alles geschafft und starten gut vorbereitet in das Abenteuer. Die ersten Wochen benötigt man meist noch, um aus dem normalen Urlaubsempfinden auszusteigen. Denn bis Körper und Geist begriffen haben, dass Sie viel, viel Zeit haben und ganz entspannt an die Sache herangehen können, dauert eben.

Wenn dieser Umstieg geschafft ist, verspreche ich Ihnen Vergnügen für die Seele pur. Sie entwickeln dann nämlich einen neuen, alltäglichen Lebensrhythmus, eben nur nicht zuhause. Gegenüber einer Urlaubsreise oder dem Wochenendtrip wird ein gewisser Alltag Einzug halten. Einkaufen auf dem Markt, Kochen, Aufräumen, Wäsche machen, aber auch eine kleine Reparatur am Fahrrad oder was auch immer füllen dann genauso die Tage aus – nur eben woanders!

Zeit für ein schönes Hobby

Ganz wichtig ist es, wie zuhause, seinen Hobbys nachzugehen. Sie werden lachen: Auch unterwegs werden Sie ein Fitness-Studio finden oder mit einer Gruppe Einheimischer Fußball spielen können, sehen Sie sich nur um! Dazu gehört ebenfalls, sich wie gewohnt Freiräume zu lassen, damit kein „Lagerkoller“ entsteht. Alleine Angeln gehen oder zum Shoppen,

Wenn es zuhause schneit: überwintern im Süden

Auch minimal kann reichen

das ganze vielleicht auch mit den neuen Nachbarn, wirkt da manchmal Wunder und belebt wieder die Zeit zu zweit. Halten Sie so viel Kontakt zu den Daheimgebliebenen wie Sie möchten und brauchen. Ist Ihr Reisezeitraum wirklich ein Jahr, ist es manchmal auch schön, einen Besuch bei oder Treffen mit den Lieben zu planen. Buchen Sie doch einfach ein Chalet auf dem Campingplatz oder ein Ferienhaus, an dem Sie mit dem Wohnmobil stehen können. Das haben viele in unterschiedlichsten Ländern praktiziert. Es kann eine tolle Abwechslung sein und Sie werden anschließend wieder mit vollem Elan in Ihre nächste Etappe starten.

Bloß keine Langeweile

Eine weitere Möglichkeit, wenn Sie einmal eine Auszeit von der Auszeit brauchen, ist, einen Ausflug mit Übernachtung zu machen. Das könnte auf eine Insel sein, die Sie mit dem Wohnmobil nicht erreichen können. Dann lassen Sie Ihr rollendes Zuhause einfach bei dem Veranstalter oder auf dem Campingplatz stehen.

Wenn Sie alle diese Kleinigkeiten beachten, wird das Abenteuer Ihres Lebens ein unvergessliches Erlebnis, um das Sie viele beneiden werden!

Wohnmobile leben länger …

Dafür müssen Sie etwas tun

63

Die Automobilindustrie definiert ein Fahrzeugleben mit einer Dauer von zehn Jahren und einer Laufleistung von 150.000 Kilometern. Während dieser Zeit sollte alles am Fahrzeug reibungslos funktionieren, ohne dass größere Reparaturen fällig werden. Das betrifft auch die Rostvorsorge – also die Hohlraumkonservierung und den Unterbodenschutz.

Wohnmobile haben aber die doppelte bis dreifache Lebenserwartung. Was wird von Seiten der Hersteller dafür getan? Scheinbar nichts oder zumindest nicht sehr viel, obwohl man dies doch eigentlich in einem so hochpreisigen Fahrzeugsegment als selbstverständlich erwarten sollte. Das überlässt man dann dem Käufer und Benutzer. Aufklärung und entsprechende Hinweise durch die Händler? Meistens auch hier Fehlanzeige, denn es kostet ja zusätzlich Geld.

Sieht man sich den Unterboden und die Hohlräume eines neuen Wohnmobils genauer an, erkennt man das Problem sofort. Als Basis werden zum größten Teil für Transporter konstruierte Fahrgestelle verwendet, die viele

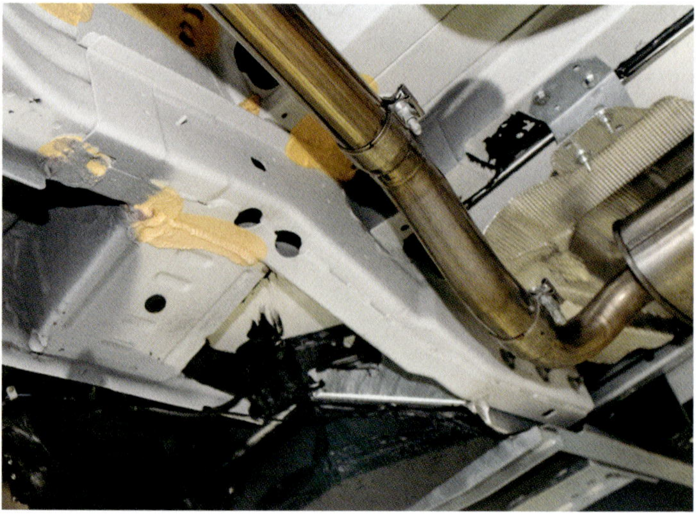

Hält ewig mit Nachsorge an der richtigen Stelle.

Kilometer in kurzer Zeit schaffen sollen. Für sie spielt die Langzeitkonservierung überhaupt keine Rolle und wird dementsprechend schlecht ausgeführt.

Eine falsche Konservierung

Betrachtet man die Ausgangsposition für die Konservierungsmaßnahme des Fahrgestellherstellers, so hat dieser alles richtig gemacht: so gut wie nötig und nicht so gut wie möglich, immer eine Frage des Preises. Beim Wohnmobil ändert sich jedoch der Einsatzzweck grundlegend. Deshalb müssen entsprechende Maßnahmen getroffen werden, um ein langes Fahrzeugleben zu garantieren. Wenn der Wohnmobilhersteller dies jedoch nicht tut, muss sich der Käufer irgendwann damit beschäftigen. Die Hohlraumkonservierung wird mit Mitteln ausgeführt, die der ursprünglichen Lebenszeit angepasst sind. Industrielle Konservierungen härten mit der Zeit aus und werden brüchig. Es bilden sich Hohlräume und ungeschützte Flächen. Feuchtigkeit, Kondensate und Luft führen so bekanntlich zu ersten Rostansätzen und später sogar zu schwerwiegenden Rostschäden.

Langes Leben, gute Vorsorge

Auch wenn heutzutage viele Wohnmobilhersteller moderne Materialien für Unterbodenkonstruktionen verwenden, fährt die Mehrzahl immer noch mit Holzböden und Holzkonstruktionen in den Seitenwänden umher. Die Probleme damit sind umfassend bekannt und spezielle Lösungen für die Vorsorge gibt es kaum. Wie so oft im Leben ist auch hier Vorsorge einfacher und preiswerter als Reparatur. 20 Jahre Lebenserwartung erfordert ein besonderes System: eine Langzeitkonservierung, die auf die Besonderheiten eines Wohnmobillebens abgestimmt ist.

Vom Schiff in das Wohnmobil

Eine Lösung stammt ursprünglich aus dem Schiffbau, wurde für Oldtimer optimiert und hat sich auch in Wohnmobilen bewährt. Das Besondere dieses Konservierungsverfahrens ist die Aufbringung einer sogenannten Sperrschicht. Das auf Basis von Lanolin hergestellte Material ist umweltverträglich und sauerstoffundurchlässig. Zudem bleibt diese Schicht dauerhaft elastisch, ist in höchstem Maße kriechfähig und verdrängt vorhandenes Wasser. Feuchtigkeit und Luft stoßen hier auf eine unüberwindbare Barriere und diese verhindert den direkten Kontakt zum Blech oder Holz. Keine Feuchtigkeit – kein Rost – kein Verrotten! Der auf diese Schicht aufgetragene, spezielle Unterbodenschutz bleibt dauerhaft elastisch und „schwimmt“ sozusagen auf den zu schützenden Flächen.

Andere Länder, andere Sitten

64 Fettnäpfchen lauern überall

Wer in fremde Länder reist, sollte sich nicht nur über unterschiedliche Regeln in der Straßenverkehrsordnung informieren und die Einreise- und Impfbestimmungen für Hunde studieren, sondern sich auch schlau machen, welche kleinen aber feinen Benimmregeln im Urlaubsland gelten. Wir sind Gast in unserem Urlaubsland und sollten uns auch so benehmen. Es wird überall sehr geschätzt, wenn ein Tourist sich bemüht, die örtlichen Sitten und Gebräuche einzuhalten und versucht, einige Vokabeln der Landessprache zu benutzen. Ein „Hello“ und „How are you?“ in England, ein „Bonjour“ oder „Bonjour Monsieur (bzw. Madame)“ in Frankreich oder ein „Buon Giorno“ in Italien sollte dem Urlauber beim Betreten der Campingplatz-Rezeption oder beim Bäcker im Urlaubsland schon über die Lippen kommen.

Wer in Spanien eine Cola bestellt, hat zur Bedienung „Schwanz“ bzw. „Schlange“ gesagt – besser also eine Coca-Cola bestellen.

Die Österreicher sind stolz auf ihre Titel und hören es gerne, wenn man sie in der Anrede verwendet. Sollten Sie also einmal einen Arzt aufsuchen müssen und das Klingelschild verrät das er nicht nur Dr., sondern Prof. Dr. ist, dann bitte auch so anreden.

Mit Haustieren unterwegs: Bitte an die Regeln halten

Stromversorgung auf französisch

Ja ist Nein – und umgekehrt

Nickt Ihnen ein Grieche zu, bedeutet das nicht „Ja“, ganz im Gegenteil: Nicken heißt „Nein“ und Kopfschütteln „Ja“. Sagt der Grieche ein Wort, das für uns wie „Ne“ klingt, bedeutet das ebenfalls „Ja“. Also Ja und Nein sind hier vollkommen umgekehrt im Vergleich zu uns.

In einem britischen Pub bezahlt man die Rechnung für gewöhnlich an der Theke ohne Trinkgeld zu geben. Möchte man sich dennoch für den netten Service bedanken, dann lädt man den Wirt oder die Wirtin mit den Worten: „And one for yourself“ zu einem Bier ein. Steht auf der Theke ein Trinkgeld-Glas, kann man auch dort seinen Obolus einwerfen.

Werden Sie in Frankreich von Einheimischen zum Essen oder Grillen eingeladen, seien Sie bitte nicht pünktlich. 15 bis 20 Minuten Verspätung sind einkalkuliert und gelten als höflich.

Die Italiener gelten nicht als prüde. Doch in Eboli in Kampanien ist Küssen im Auto bzw. Wohnmobil strengstens verboten. Wer sich öffentlich sichtbar der Zweisamkeit hingibt, kann mit einer Geldstrafe von 500 Euro belangt werden.

Die Reihe der Fettnäpfchen ließe sich noch ewig fortführen. Möchten wir in unserem erwählten Urlaubsland einen schönen Urlaub verbringen und auch mit Einheimischen in Kontakt treten, so sollten wir uns vorab informieren. Gutes Benehmen und ein bisschen Höflichkeit schaden niemals. Ihre Gastgeber werden es Ihnen danken und Sie gerne einladen, nächstes Jahr wiederzukommen.

Wenn die Welt ein Dorf wäre

65

Gäbe es kein Wohnmobil

Wenn man die Verhältnisse der ganzen Welt in einem Dorf mit 100 Einwohnern abbilden würde, dann gäbe es kein Wohnmobil. Es sei denn, man rundet die 0,7 Fahrzeuge, die auf 100 Menschen (weltweit gesehen, nicht nur in Deutschland) kommen, zu einem ganzen auf. Gut, dass man bei Weitem nicht alles so ernst nehmen muss!

Vielleicht kann uns dieses Zahlenspiel aber einfach vor Augen führen, wie sich die „kleine Welt" aufteilt und welch außerordentliches Glück wir haben, unserem wunderschönen Hobby in dieser Welt nachgehen zu können!

Natürlich würde auch in einer solchen Situation der Einfallsreichtum nicht verloren gehen. Denn aus dem Wenigen was da ist, viel zu machen, war schon immer eine Auszeichnung des Menschen. So wie die Kandidaten nebenan, denn Straßen gäbe es ja auch nicht!

Von diesen 100 Einwohnern wären statistisch gesehen:

- 57 Asiaten (davon 21 Chinesen und 16 Inder)
- 21 Europäer (einschließlich 3 Russen/Ukrainer)
- 9 Lateinamerikaner
- 8 Afrikaner
- 5 US-Amerikaner oder Kanadier
- 0 Australier oder Ozeanier

Es gäbe:

- 52 Frauen und 48 Männer
- 30 Weiße und 70 Nicht-Weiße
- 30 Christen und 70 Nicht-Christen
- 5 Personen würden 60% des gesamten Reichtums besitzen
- 80 hätten keine ausreichenden Wohnverhältnisse
- 60 wären Analphabeten
- 50 wären unterernährt
- 1 hätte einen PC
- 1 hätte einen akademischen Abschluss
- 2 wären dabei, geboren zu werden und 1 wäre dabei, zu sterben

Sehen so ¾-Wohnmobile aus?

Eine Philosophie für sich

Kaffeegenuss im Wohnmobil

66

Pro Jahr kauft jeder Deutsche durchschnittlich 4,2 Kilogramm Kaffee und lässt sich das ca. 3,4 Milliarden Euro kosten, so das Ergebnis einer neuen Statistik. 345.000 Tonnen Kaffeebohnen werden dafür verarbeitet. Wohnmobilisten trinken demnach 162 Liter Kaffee im Jahr, mehr als Wasser (151 Liter), Bier (105 Liter) oder Wein (21 Liter). Somit kann Kaffee durchaus als das Lieblingsgetränk der Deutschen bezeichnet werden. Die meisten Deutschen trinken zwei bis drei Tassen Kaffee am Tag.

Somit sind wir mitten im Thema, denn dieser Kaffee muss ja schließlich zubereitet werden und hier ist der Variantenreichtum seit der Erfindung des Wechselrichters erheblich größer geworden. Wurde bis Mitte der 1990er-Jahre fast ausnahmslos klassisch gebrüht mit Wasser, Filter und Kanne oder mit der italienischen „Bialetti" zubereitet, so liegen heute die elektrische Kaffeemaschine im Brühverfahren, die Kapselmaschine, die Pad-Maschine bis hin zur Mini-Hochdruckmaschine wie beim Italiener vorne.

Frisch gebrüht, der Klassiker

Sehr beliebt, Kaffeeautomaten mit Kapseln

Kaffee nur gegen Strom!

Alle elektrischen Varianten benötigen nun die wichtigste Zutat: Strom! Der steht uns am Landstrom zur Verfügung oder aber, wenn Sie besagten Wechselrichter haben. Erschwerend kommt hinzu, dass dieser eine Mindestleistung von, sagen wir, 1.200 Watt oder besser sogar 1.500 Watt (dann kann man sich auch die Haare föhnen) haben muss. Also müssen Sie entscheiden, ob Sie das Wohnmobil entsprechend aufrüsten möchten oder im Mix-Verfahren arbeiten wollen, zum Beispiel zwischendurch mit Gas das Wasser erhitzen und bei Strom die Maschine benutzen.

Gefiltert ist dabei immer noch die Lieblingskaffeezubereitungsvariante der deutschen Kaffeetrinker, 68 Prozent bereiten ihn so zu und mit 0,2 Gramm Müll pro Tasse weist Filterkaffee die beste Ökobilanz auf. Die Pad-Maschine macht 0,8 Gramm Müll und Kapseln 2–3 Gramm Müll pro Tasse, also entsteht hierbei rund zehnmal so viel Abfall!

Vielleicht nur noch so viel: Unterwegs benötigen Sie für zwei Becher Kaffee etwa sechs Minuten Zubereitungszeit inklusive Wasser erhitzen und aufbrühen. Im Café warten Sie manchmal länger!

Der Neuankömmling I

67

Freund oder Feind?

Der Wohnmobilist als gemeine Spezies – mit einem Augenzwinkern natürlich – ist ein geselliger Zeitgenosse. Er liebt es, andere Menschen kennen zu lernen und ist sehr kommunikativ. Er verbringt jede regenfreie Minute vor seinem Wohnmobil und fühlt sich in der Gemeinschaft mit anderen Wohnmobilfahrern sehr wohl. Ja, er ist an seinen Mitmenschen interessiert – aber auch hier gilt es, Grenzen zu beachten und Rücksicht zu nehmen. Schnell kann aus einem Platznachbarn eine Persona non grata werden.

Das Geräusch eines neu ankommenden Wohnmobils weckt Interesse und der Dämmerschlaf wird kurz unterbrochen, um den Neuankömmling in Augenschein zu nehmen. Ah, ein Kastenwagen ... Er fährt vorbei. Minuten später kommt er von der anderen Seite wieder vorbeigefahren. Einige Minuten später kommt er auf dem Hauptweg erneut vorbei. Dann quert er den Stellplatz wieder und beäugt mit laufendem Motor den Platz. Er fährt weiter ... So fährt er gefühlte 25-Mal auf dem Platz hin und her, um den besten Platz zu finden, bis er sich entschließt, sich – wie es anfänglich den

Der „Neue" auf Kuschelkurs

Anschein hatte – doch direkt neben uns nieder zu lassen. Kein Problem – aber hätte man die Platzsuche nicht auch zu Fuß machen können?

Kein guter Start

Der Neuankömmling stellt sein Wohnmobil ab, steigt aus und schaut sich um. Er schaut geradewegs durch uns hindurch. Lautstark teilt er seiner Mitfahrerin mit, dass man wohl Unterlegkeile benötigen würde. Ritsch-ratsch geht die Autotür auf, seine Mitstreiterin springt behände aus dem Wohnmobil und organisiert die Unterlegkeile, während er schon wieder hinter dem Fahrersitz Platz genommen hat und den Motor startet. Über das Motorengeräusch hinweg, durch die geschlossenen Fenster hindurch versucht man, sich auf die richtige Positionierung der Keile zu einigen. Der Stresspegel bei dem eben noch total entspannt vor sich hin dösenden Urlauber nebenan steigt an. Aber gut, gleich wird es ja wohl geschafft sein! Das Wohnmobil steht auf den Keilen und – ritsch-ratsch – geht die Tür auf und wieder zu, die Eigner steigen gemeinsam aus. Ihre Blicke schweifen durch die Luft zu den Baumwipfeln. Plötzlich entdeckt er den mittlerweile aufrecht sitzenden Platznachbarn: „Hier bekommt man sicher keinen Fernsehempfang, oder haben Sie Fernsehen?“ Schon haben sich zwei weitere „No-Gos“ eingeschlichen, denn es heißt zunächst „Hallo, ihr“!

Der Neuankömmling II

Unser Freund, der Kastenwagen

68

Die Kastenwagennachbarn richten sich ein, und das hört sich meist so an: ritsch-ratsch, Tür auf – patsch, Tür zu – ritsch-ratsch – patsch … Ob man so eine Kastenwagentür nicht auch sanft auf und zu machen kann, fragte sich bestimmt schon so mancher. Stühle und Tisch sind aufgebaut, die Markise ausgefahren, dann ist es jetzt Zeit, die mitreisende Fellnase aus dem Wagen zu holen. Von Frauchen gerufen, springt Fiffi flink aus dem Wohnmobil und geradewegs auf die Nachbarparzelle, um sich dort nach der langen Fahrt am hinteren Reifen zu entleeren. Das geht allerdings gar nicht! Wenn es dann doch passiert, bitte entschuldigen Sie sich und beseitigen Sie das Malheur mit einem Eimer Wasser.

Die neuen Nachbarn bauen ihren Grill auf. Das sieht nach einem gemütlichen Abend aus. Während langsam von allen Seiten ein angenehmer Grillduft über den Platz schwebt, füllen auch die Nachbarn den Grill mit einem Sack Grillkohle und schmeißen gefühlte zehn Grillanzünder dazu. Schnell weicht der leckere Würstchenduft dem beißenden Gestank der Grillanzünder. Der Grill wird ausgerichtet, sodass der Rauch nicht in den Wagen zieht – nicht in den Kastenwagen der Grillenden zumindest! Dass der Qualm nun direkt in die geöffneten Wohnmobil-Fenster des Nachbarn

Der Nachbar mit „karrwumm"

zieht, interessiert leider nicht. Schade, es hätte sonst ein wirklich netter Abend werden können.

Keine beliebte Geräuschkulisse

Langsam wird es dunkel und die Camper ziehen sich in Ihre „Ferienhäuser“ zurück. Eine schwere Stille legt sich über den Campingplatz. Ritsch-ratsch und peng – da ist es wieder, das angenehme Geräusch, denn der Hund muss noch mal Pipi. Ritsch-ratsch und peng – man ist wieder zurück. Halt – ritsch-ratsch und peng – die Gute-Nacht-Zigarette wird noch geraucht. Ritsch-ratsch ... Okay, auch dieser Abend geht vorüber. Die Freude über die neuen Urlaubsnachbarn hält sich so allerdings in engen Grenzen.

Der Morgen begrüßt die Camper dann mit bestem Wetter. Einem gemütlichen Frühstück vor dem Wohnmobil steht also nichts im Wege. Der Weg – genau! Die meisten Camper zieht es nämlich genau jetzt zur morgendlichen Toilette in das Sanitärgebäude, aber bitte achten Sie immer darauf, auf den Wegen zu gehen und nicht quer über die belegten Parzellen. Der mobile Bäcker fährt auch bald hupend über den Platz und lädt zum Brötchenkauf ein. Der Kaffee ist zubereitet, der Outdoor-Tisch gedeckt. Alle genießen das Frühstück und schmieden Pläne für den Tag. Auch die Kastenwagenbesatzung frühstückt. Kurze Zeit später baut sich der Kastenwagenbesitzer vor seinem Platznachbarn auf und sein Gesichtsausdruck verheißt nichts Gutes: „Der Platz hier ist ja ganz hübsch, aber die sanitären Anlagen sind eine reine Katastrophe, die Platzparzellen könnten überdies auch etwas größer und ebener sein. Na, die Brötchen waren auch keine große Gaumenfreude und der Kinderspielplatz ist in Hörweite, ob das sein muss, so nah ...“ – Nörgler!

In jeder Suppe ein Haar finden

Camper, die in jeder Dusche ein Haar finden, denen kein Camping- oder Stellplatz das bieten kann, was sie sich wünschen, und denen kein Wetter das Richtige sein kann, die ihre Unzufriedenheit auch noch ungefragt jedem mitteilen müssen, machen sich auch keine Urlaubsfreunde. Ebenso unbeliebt wie Nörgler sind Besserwisser und „Besser-Haber“. Nach dem Motto: Ihr habt also nur ein „Standard-Wohnmobil“ – naja, wir haben aber noch dies und das nachgerüstet und aufgerüstet ...

Es gibt also viele Möglichkeiten, sich bei seinem Stellplatznachbarn unbeliebt zu machen. Anderseits ist es auch nicht sehr schwer, nette Bekanntschaften zu machen. Mit ein bisschen Rücksichtnahme und Empathie findet man schnell gleichgesinnte Urlaubsfreunde.

Traumziele in Europa 6

69

Spanien Olé

Spanien ist ein Land voller Gegensätze mit den Pyrenäen im Norden, den großen Ebenen in der Mitte mit unendlichen Olivenhainen und der Sierra Nevada im Süden. Dazu kommen noch die gegensätzlichen Küsten des Atlantiks und des Mittelmeers. Nicht verheimlichen darf man allerdings, dass Spanien einer der größten Gemüseproduzenten Europas ist und daher im Süden einige Landstriche gänzlich unter Plastikpflanzfolien verschwinden.

Viel Abwechslung – versprochen

So unterschiedlich die Landesteile sind, so unterschiedlich wird man auch die Einwohner empfinden. Der weltoffene Katalonier gibt sich ganz anders als der stolze Andalusier. Spanien ist aufgrund des milden Klimas seit Jahren auch das Ziel von Wohnmobilfahrern, die hier den Winter verbringen. Das Land ist überhaupt ein tolles Ganzjahresziel. Der nördliche Teil mit Asturien und Galicien lässt sich besonders im Herbst sehr gut

Schneebedeckte Gipfel der Sierra Nevada

Ein Herbsttraum an der Nordküste Galiciens

bereisen, eine Anreise durch die Berge der Navarra ist besonders eindrucksvoll. Das Hinterland hält sehr schöne Landschaften mit wunderbaren Stellplätzen bereit, die oft in keinem Verzeichnis aufgeführt sind. Wie in Kapitel 17 bereits beschrieben, lohnt sich für einen mehrwöchigen Aufenthalt die Anschaffung der Vignette „Discovery España", wo Sie bei Ihren Gastgebern für eine Nacht kostenfrei stehen können.

Hier lieber nicht

Städtenamen wie Barcelona, Granada oder Sevilla klingen Kulturfans wie ein Konzert in den Ohren und warten nur darauf, erobert zu werden. Für all diese Städtetouren ist jedoch eher ein Campingplatz außerhalb zu empfehlen, da die Stellplatzsituation sehr undurchsichtig ist. Außerhalb stehen Sie sicher und können bequem die öffentlichen Verkehrsmittel nutzen. Grundsätzlich sollten Schilder, die das Übernachten mit Wohnmobil verbieten, immer Beachtung finden, denn die spanischen Gesetzeshüter sind besonders in der Hauptsaison nicht sehr zimperlich und „plündern" Ihre Urlaubskasse unnötig. Wie immer gilt: Erkundigen Sie sich vor der Anreise über die Landesbestimmungen, insbesondere die Mitnahme von Haustieren und gebührenpflichtige Autobahnabschnitte.

Ans Steuer, meine Damen!

Wohnmobilfahren leicht gemacht

70

Gleich vorneweg, um mögliche Missverständnisse aus dem Weg zu räumen: Vollkommen wertfrei lässt sich feststellen, dass die überwiegende Mehrheit der Wohnmobillenker männlich ist. Warum eigentlich? Man könnte sich – nicht unberechtigt – denken: Frauen sind eben intelligenter, sie genießen einfach die Route und sind dabei für die korrekte Navigation oder allgemeine Reiseinformationen zuständig. Allerdings kann man beobachten, dass mit verbesserter Fahrzeugtechnik die Quote der weiblichen Wohnmobillenker wächst. Kupplung und Lenkung sind heutzutage mit der eines Pkws zu vergleichen. Neue Spiegel und Kameras verbessern die Übersichtlichkeit deutlich bzw. immer mehr Reisemobile werden sogar mit einer bequemen Automatik ausgestattet.

Sicherlich ist es schön, die Landschaft zu genießen, ohne immer Straße und Verkehr im Blick haben zu müssen. Hinter der Aufforderung „Ans Steuer, meine Damen“ steckt vielmehr der Wunsch: „Versuchen Sie es!“ Denn im Fall der Fälle sollte jeder Mitfahrer (im Besitz eines Führerscheins) in der Lage sein, das Wohnmobil zum nächsten Campingplatz oder Krankenhaus steuern zu können. Ein paar kurze Übungseinheiten reichen, um sich mit der Größe vertraut zu machen und man wird sehen, wie einfach es ist, ein Wohnmobil zu steuern (auch wenn viele Männer oft meinen, Sie würden da etwas ganz Besonderes vollbringen). Bald schon werden Sie sich dann also die Etappen der Reise aufteilen können. Gerade bei der Anreise oder längeren Autobahnabschnitten ist das natürlich eine feine Sache. Nach einigen Kilometern werden Sie sehen, wie viel Spaß es macht, mit dem Wohnmobil zu „cruisen“!

Übung macht den Meister

Wer ein Wohnmobil selbst rangiert hat, kann vieles danach besser einschätzen: Fahrsituationen in der Stadt, Einfahrten von Stellplätzen oder das Einweisen in verschiedenen Situationen. Rangieren, Wendekreis, Bremsen und viele andere Übungen lassen sich hervorragend am Wochenende auf großen Parkplätzen üben. Sehr hilfreich sind Markierungen oder „Hindernisse“, die man einfach aus der Campingausrüstung nimmt. Dies können Stühle, Auffahrkeile oder auch ein Eimer sein. So lassen sich ein Stellplatz, eine Einfahrt etc. simulieren. Gerade das Befahren der Auffahrkeile sollte man nicht erst auf dem Stellplatz üben. Dabei ist es von Vorteil, nach jeder Fahr- oder Rangierübung das Ergebnis von außen zu begutachten, damit man sieht, wieviel Platz wirklich noch ist. Für erste Ausfahrten eignen sich gut ausgebaute Bundesstraßen und für Autobahnfahrten der Sonntag, wenn kein hohes Lkw-Aufkommen ist. Inzwischen bietet zum Beispiel der ADAC spezielle Einsteigerkurse an. Übrigens: Alle Tipps, die hier zur Einführung in das Steuern eines Wohnmobils gegeben werden, gelten natürlich ebenso für die Herren der Schöpfung, denn es ist noch kein Meister vom Himmel gefallen.

Training gibt Selbstvertrauen

Wie man sich bettet

Schlafen im Wohnmobil

71

Mindestens genauso wichtig wie Design, Ausstattung, technische Daten und Motorisierung ist das Schlafen im Wohnmobil. Dieser Gedankengang wird allzu oft vernachlässigt. Denn immerhin verbringen wir, wie zuhause, im Wohnmobil ein Drittel unserer Zeit im Bett! Darum gilt, ausgiebig zu testen, welche Schlafvariante es sein soll. Es gibt zum Beispiel die immer beliebter werdenden Einzelbetten, die man oft durch ein Zwischenstück verbinden kann, das ebenerdige Doppelbett auf einer Seite, das mittige Queen-Size-Bett, das von jeder Seite zu erreichen ist, das querliegende Heckbett (das meist das längste ist, da die gesamte Breite des Fahrzeugs genutzt wird) oder das im Alkoven längs- oder querliegende sowie das absenkbare Bugbett im integrierten Fahrzeug. Nehmen Sie bei einer Messe oder Ausstellung alle Varianten nicht nur in Augenschein, sondern erleben Sie sie. Das heißt: Schuhe aus, den Einstieg probieren und im Liegen den visuellen Eindruck auf sich wirken lassen. Viele Bettpositionen ermöglichen den Blick aus einem Fenster oder haben es direkt neben sich.

Unwiederbringliche Augenblicke

Morgens erwachen, Fenster öffnen und den Blick auf das Meer oder die Natur genießen – einmalig, darauf möchten Sie irgendwann nicht mehr verzichten. Im Hubbett vorne werden Sie dies nie erleben, denn da

Das richtige Bett für jeden Geschmack, getrennt …

umschließt Sie das abgesenkte Tuch, welches das Bett umrahmt. Ganz wichtig ist immer daran zu denken, dass die meisten Betten hier geringere Ausmaße als Zuhause haben. Testen Sie ausgiebig, ob diese neue Zweisamkeit etwas für Sie ist. Passt das nicht, geht die Suche weiter, bis das Richtige gefunden wird oder Sie eine individuelle Lösung nach Ihren Wünschen kreieren.

So wird es klappen

Ist der Schlafplatz gewählt, geht es mit der Auswahl von Unterlage und Matratze weiter. Hochwertige Wohnmobile haben auch hier eine gute bis sehr gute Ausstattung, von Lattenrost bis Matratze. Dabei gilt ebenso: keine Kompromisse eingehen, testen Sie ausgiebig, eine Unterlüftung der Matratze und eine vernünftige Unterlage sind unumgänglich. Ein erholsamer Schlaf ist im Wohnmobil genauso wichtig wie zuhause. Wenn Sie es gewohnt sind, auf einem bestimmten Matratzentyp zu schlafen und eventuell lange benötigt haben, diesen für sich als perfekt zu empfinden und zu genießen, dann sollten Sie hier ebenfalls keine Abstriche machen. Bei einem Anschaffungspreis von 70.000 Euro und mehr sollten dann weitere 1.000 Euro für einen guten Lattenrost und die Wunschmatratze im Idealfall kein Problem sein.

Ist die Basis nun perfekt, dann werden Sie sehen, wie wunderbar sich Ihr kleiner Schlafraum verdunkeln lässt. Vielleicht merken Sie auch, dass Sie vielleicht lange nicht mehr in solch einer Stille geschlafen haben, wie auf einer Wiese in freier Natur. Berichte von Menschen, die schon lange nicht mehr so gut wie im Wohnmobil geschlafen haben, sind tatsächlich keine Seltenheit!

… oder gemeinsam?

Gutes Klima im Wohnmobil

Wohlfühlen in jeder Situation

72

Was immer man Ihnen beim Verkauf erzählt oder was immer Ihnen die Werbung suggerieren möchte, ein Wohnmobil besteht aus einer isolierten Hülle von vier bis sechs Zentimetern. Sicherlich haben sich Dämmmaterialien und Aufbau weiterentwickelt und stark verbessert. Durch seine Kompaktheit lässt sich das Wohnmobil hervorragend durchlüften, aber es ist und bleibt ein Körper, der schnell und stark von der Umgebung beeinflusst wird. Ähnlich schnell wie ein Pkw im Winter, so kühlt auch das Wohnmobil aus und genauso erwärmt es sich innen bei großer Hitze.

Wenn Sie die Nacht bei fünf Grad Celsius Außentemperatur ohne Heizung verbringen, werden Sie morgens bei rund neun Grad Innentemperatur mit einer kalten Nase erwachen. Hochsommer in Griechenland oder Kroatien heißt dagegen, dass es bei 40 Grad Celsius Außentemperatur innen weit über 30 Grad haben kann.

Viel Dunst am Morgen

Eine Familie mit vier Personen verdunstet in der Nacht ca. 1–1,5 Liter Körperflüssigkeit, die Sie bei nicht ausreichender Lüftung am Morgen besonders auf der Frontscheibe wiederfinden werden – ganz zu schweigen vom Sauerstoffanteil in der Luft: Ein sieben Meter langes Wohnmobil hat einen Rauminhalt von ca. 50 Kubikmetern, eine 80 Quadratmeter große Wohnung ca. 200 Kubikmeter.

Nahezu alle Wohnmobile sind serienmäßig nur mit einer Klimaanlage für das Fahrerhaus ausgestattet. Wer also oft südliche Länder bereist, wird um die Anschaffung einer weiteren Klimaanlage, sei es auf dem Dach oder Unterflur im Stauraum, nicht herum kommen. Während der Fahrt kann man sich meist noch mit Querlüften durch die Fenster behelfen, im Stand wird das jedoch schon erheblich schwieriger. Für die Klimaanlage benötigt man dann Landstrom oder, wie Expeditionsfahrzeuge in Afrika, einen Stromgenerator, denn der Bordstrom (auch bei einer Solaranlage) reicht hier bei Weitem nicht aus.

Im Winter ist das ganze weniger problematisch, da die meisten Heizungen mittlerweile auch während der Fahrt betrieben werden können. Denn schon bei null Grad Außentemperatur und 100 km/h Autobahnfahrt kühlt der hintere Wohnbereich im Wohnmobil bereits ordentlich aus.

Womo-Geburtsstätten

Machen Sie mal eine Werksbesichtigung

Nahezu alle Hersteller locken ihre Kunden und Neukunden an die Geburtsstätte ihres Wohnmobils. Ganz oft liegen die Werke landschaftlich sehr schön wie die von Dethleffs, Hymer, Carthago, Frankia oder Knaus in Baden-Württemberg bzw. Bayern. Dazu kommt Hobby im hohen Norden, Niesmann+Bischoff am Rand der Eifel und im Frankenland in unmittelbarer Nachbarschaft die Premiumhersteller Concorde, Morelo und Phoenix – um nur eine Auswahl an Möglichkeiten zu nennen.

Überall erwarten Sie kostenlose Stellplätze und ein umfangreiches Programm mit Führungen durch die Produktion, Probefahrten und vielem mehr. Zudem finden Sie das sogenannte Service-Center, wo Sie unter anderem Dichtigkeitsprüfungen oder auch die Behebung von Mängeln an Ihrem Fahrzeug durchführen lassen können. Oft locken in der Nähe auch Zubehörgeschäfte mit Sonderpreisen.

Interessante Einblicke

Die Produktion eines Wohnmobils hautnah zu erleben ist wirklich mehr als interessant. Sie werden kaum Roboter oder Fließbandarbeit sehen, sondern vielmehr kleine Produktionsteams, die Hand in Hand ein komplettes Fahrzeug montieren. Aber erwarten Sie nicht, wie bei einem Automobilhersteller, nach zwei Stunden ein fertig montiertes Produkt zu sehen. Je nach Ausstattung und Größe kann die Fertigung eines solch komplexen „Hotelzimmers auf vier Rädern“ zwischen vier Wochen und sechs Monaten dauern! Aber einmal live zu sehen, wie viele Kabel und Leitungen in den Böden und Wänden verschwinden, ist wirklich beeindruckend. Danach hat man doch mehr Verständnis, wenn am eigenen Wohnmobil mal die eine oder andere Kleinigkeit nicht so funktioniert wie sie soll. Ein Tipp für alle Besitzer älterer Wohnmobile: Wer beim Ersatzteilservice freundlich nachfragt, kann das Glück haben, dass dieser in der „Asservatenkammer“ nach alten Teilen schaut.

Hersteller-Werk mit kostenfreiem Stellplatz

Glücksmomente …

… lassen Herzen höherschlagen

74

Wer vom sogenannten Wohnmobilvirus infiziert ist, weiß, wovon wir sprechen: Die speziellen Momente, die uns ganz besonders glücklich machen.

Die Liste ließe sich bestimmt beliebig ergänzen, denn so individuell wie man die Freiheit genießt, so individuell sind auch die Glücksmomente!

Glücksmomente können so einfach sein.

Diese sind:

- wenn wir uns nach einer anstrengenden Woche am Freitagnachmittag ins Wohnmobil setzen und zwei Stunden später mitten in der Natur sind und dem Rauschen der Blätter lauschen können
- wenn wir endlich Zeit haben, nichts zu tun
- wenn wir morgens aufwachen, das Fenster am Kopfende des Bettes öffnen und die Sonnenstrahlen unsere Nase kitzeln
- wenn wir morgens in der aufgehenden Sonne unseren Kaffee schlürfen und uns auf den Tag freuen, der nur uns gehört
- wenn wir bei einem Gläschen Wein in der Nachmittagssonne sitzen, auf den See und die Berge blicken und unseren Arbeitskollegen ein Bild zumailen
- wenn die Haare nach dem Duschen im Wind trocknen
- wenn die Bratwurst vom Grill in einer netten Camperrunde besser schmeckt als das Gourmet-Menü mit Geschäftskunden
- wenn der Hund sich mit dem Nachbarshund um einen Kauknochen balgt und ihn dann zufrieden, versteckt unter dem Wohnmobil, verspeist
- wenn fremde Menschen uns begrüßen als wären wir Freunde
- wenn das Wohnmobil sich im Sturm wiegt, die Regentropfen auf das Heck prasseln und wir in unserer warmen Kuschelhöhle liegen
- wenn der Nachbar trotzt Sturm aus seinem Wohnmobil springt und hilft, die Markise einzufahren
- wenn wir in der Abenddämmerung vor dem Wohnmobil sitzen und verträumt in den Sonnenuntergang gucken
- wenn wir nach einem wunderbaren Tag an der frischen Luft todmüde ins Bett fallen und wissen, dass es nicht viel braucht, um glücklich zu sein
- wenn wir beim nächsten Campingstopp unseren alten Stellplatznachbarn wiedertreffen und uns zu einem gemeinsamen Grillabend verabreden
- wenn wir wochenlang mit großer Begeisterung und Vorfreude unseren Urlaub in den Bergen geplant haben und dann, ob der Wetterprognose, doch in Italien am Meer stehen
- wenn Stau auf der Autobahn ist und wir mühelos zur Toilette gehen können

Es gibt mehr als Grillwurst

75 Saftige Burger mit Ziegenkäse

Mit einem leckeren Burger begeistert man nicht nur die Kinder. Das Beste daran ist, dass sich jeder seinen Burger nach seinem Gusto zusammenstellen kann. Das macht der ganzen Familie Spaß. Probieren Sie doch einmal dieses Rezept aus:

Sie benötigen: Rinderhack, Burgerbrötchen, Öl, Salz, Pfeffer, Ketchup, Mayonnaise, Senf, Honig, Tomate, Salatblätter, Zwiebel
wahlweise: Speck, Ziegenkäse, Chilischoten

Die Vorbereitung

Zuerst bereiten Sie die Burgerpatties vor. Dazu Zwiebeln und evtl. eine Chilischote sehr fein schneiden und zu dem Hackfleisch geben, mit Salz und Pfeffer würzen. Die Masse abdecken und an einen kühlen Ort etwas einwirken lassen. Nun haben Sie Zeit, die Tomaten und den Käse in dünne Scheiben zu schneiden und den Salat zu waschen und zu zerpflücken. Zum Bestreichen der Burgerbrötchen mischen Sie Senf, Honig etwas Ketchup und Mayonnaise zusammen. Die Zwiebeln in feine Scheiben schneiden und mit Honig oder Zucker mischen. Burgerbrötchen aufschneiden, Grill anheizen.

So gelingt es garantiert

Wer den Burger mit knusprigem Bacon mag, fängt mit diesem an. Den Speck in der Pfanne langsam kross braten und auf einem Küchenpapier abtropfen lassen. Nun die Zwiebel-Honig- oder Zwiebel-Zucker-Mischung in dem „Speckfett" langsam goldgelb braten. Die Pfanne mit den Zwiebeln zur Seite stellen. Die vorbereitete Hackmischung mit angefeuchteten Händen zu Frikadellen formen und dann platt klopfen. Das Fleisch von jeder Seite, je nach Dicke, ca. zwei Minuten grillen, die Burgerbrötchen mit auf den Rost legen, bis sie leicht gebräunt sind. Kurz vor Ende der Garzeit den Ziegenkäse auf die Rindfleischpatties legen und leicht schmelzen lassen.

In der Zwischenzeit: Den Tisch decken und die Ketchup-Honig-Senf-Mayonnaise-Sauce, die Tomatenscheiben, den Salat, die knusprigen Speckstreifen und die karamellisierten Zwiebeln auf den Tisch stellen.

Finale

Die angebräunten Burgerbrötchen vom Grill nehmen, mit der vorbereiteten Sauce bestreichen und nach Belieben mit Salatblättern, Tomate, Patties, Speck und Zwiebeln belegen. Guten Appetit!

Abwechslung in der Grillküche

Wohin mit dem Motorroller?

So geht er sicher mit auf die Reise

76

Der Motorroller bis 125 ccm ist, trotz E-Bike, nach wie vor ein beliebter Reisebegleiter. Er ist nicht so schwer und mit seinen Fahrleistungen bringt er auch zwei Personen auf Touren. Schnell mal in die Stadt zum Einkaufen, ein Badetag an einem einsamen Strandabschnitt oder eine Tagestour in die nähere Umgebung ist damit kein Problem. Doch wie kommt der Roller unkompliziert und sicher mit auf die Reise? Mit einem Gewicht von 100 bis 120 Kilogramm lässt er sich auch beim Beladen recht gut handhaben. Wer eine ausreichend große Garage besitzt, sollte ihn darin verschwinden lassen. Der Nachteil kann hier eine Geruchsbelästigung im Fahrzeuginneren sein oder es wird zu viel Platz verschwendet für das übrige Gepäck.

Heckbühne oder Anhänger, das ist hier die Frage!

Die zweite, gute Möglichkeit ist eine befahrbare Bühne am Heck des Fahrzeugs. Diese nimmt wenig Platz weg bzw. sie steht nicht so weit über das Fahrzeug hinaus. Ist der Roller einmal nicht dabei, kann man hier auch die Fahrräder platzieren. Das Beladen erfolgt ganz einfach über eine

Gut aufgehoben in der Garage

Mit dem Motorroller sicher unterwegs.

Rampe, auf der man den Roller einfach nach oben schiebt. Manchmal ist eine zweite Hand hilfreich. Achten Sie auf stabile Befestigungen für die Gurte, um das Fahrzeug gut sichern zu können. Je nach Fahrzeugrahmen gibt es sogar einschiebbare Bühnen, die mit der Stoßstange einfach unter oder im Rahmen versenkt werden.

Die schlechteste Lösung ist eigentlich der Anhänger. Ob dieser klassisch längs als Motorradhänger oder quer wie die von Sawiko gezogen wird, spielt dabei keine Rolle. Ein Anhänger ist und bleibt ein Anhänger. Er ist angehängter Ballast, schränkt die Bewegungsfreiheit ein und verursacht auf Fähren oder gewissen Mautstrecken höhere Kosten, in der Schweiz benötigt er sogar eine Vignette.

Manchmal müssen Anhänger oder Garage einfach sein

Wer einen größeren oder schwereren Roller (ab 250 ccm) besitzt, kommt allerdings um eine tragfähige und große Garage bzw. einen Anhänger gar nicht herum. Aber auch hier hat zum Beispiel die Firma Sawiko einen elektrischen Aufzug konstruiert, der den Roller oder das Motorrad auf den Anhänger zieht. Damit ist gar keine helfende Hand mehr nötig.

Vierbeiner gut aufgehoben I

Wau – was für ein Mietmobil

77

Die Quote von Wohnmobilen, in denen der Hund als ständiger Begleiter des Menschen dabei ist, wächst ständig. Aber nicht nur die der aktiven, sondern auch die Zahl der interessierten oder künftigen Wohnmobilbesitzer sind da in einem Atemzug zu nennen. Allein die Gruppen „Wohnmobil mit Hund“ und „Camping mit Hund“ haben in manchen Social-Media-Kanälen über 25.000 Mitglieder! Immer wieder taucht hier die Frage auf: „Wer kennt einen Wohnmobilverleih, wo wir unseren Hund mitnehmen dürfen?“ Nicht nur, dass es einiger Recherche bedarf, das Geeignete oder Erlaubte zu finden, nein, viel wichtiger ist die Frage, ob es für den Hund passend ist und er dort sicher mitgeführt werden kann.

Rundum gut aufgehoben

Inzwischen gibt es Spezialisten, die sich diesem Thema angenommen haben. Mit Kompetenz und Sachverstand entwickelten sie einen Hundetraum von Wohnmobil für die Vermietung.

Ihre tierischen Begleiter freuen sich über ein Willkommenspäckchen, Wasser- und Fressnäpfe, eine Langlaufleine und vieles mehr, Herrchen und Frauchen wiederum über ein Erste-Hilfe-Päckchen mit Zeckenzange etc., spezielles Hundegeschirr für den sicheren Transport, eine Kofferraumgarage als Ruheort oder zum „Abtropfen“ nach einer Wanderung und noch vieles mehr, was Hunden und Besitzern den Alltag erleichtert. Zum Markenzeichen ist inzwischen der eigens eingebaute Durchgang von der Garage zum Wohnraum geworden. Hier kann sich der Hund nach Lust und Laune zurückziehen. An 17 Standorten in Deutschland, Österreich und der Schweiz können Sie auf der Suche nach dem richtigen www.waumobil.de fündig werden (ja, diese Homepage heißt wirklich so).

Mietmobil für Hundefreunde, einfach Klasse!

Vierbeiner gut aufgehoben II

78

Sicherheit für Hunde im Wohnmobil

Nach letzten Erhebungen des Caravaning-Verbandes sind inzwischen nahezu 40 Prozent aller Wohnmobil-Enthusiasten mit einem Hund unterwegs. Für die Sicherheit aller Reisenden ist es unerlässlich, dass der Hund richtig untergebracht wird. Ein unsachgemäßer Transport kann bei Bremsmanövern lebensgefährliche Folgen für alle haben. Was viele nicht wissen: Wer mit einem ungesicherten Hund im Wohnmobil erwischt wird, dem drohen Bußgelder bis 80 Euro und ein Punkt in Flensburg. Dies gilt nicht nur auf deutschem Boden, sondern ebenso in anderen europäischen Ländern. Neben der Sicherheit steht besonders der Wohlfühlfaktor für beide Parteien im Vordergrund. Ein Hund, der weiß wo er hingehört, wird nicht störend im Weg liegen und zum Stolperstein werden.

Im Fall der Fälle gut gerüstet

Wie schon der Tipp im vorhergehenden Kapitel für das passende Mietmobil, so sollten Sie gerade auch im eigenen Wohnmobil Vorsorge treffen. Leider ist die Hersteller-Zunft mit serienmäßigen Angeboten noch im Rückstand. Ein Fenster mit Lüftung in der Garage, ein stabiler Haltpunkt für die Leine oder das Geschirr sowohl im Inneren als auch außerhalb des Wohnmobils, wenn man vor Anker gegangen ist, oder der angepasste Liegeplatz sind nur einige Beispiele, die hier zu nennen sind. Denn von Hunden, die nach Unfällen den Rettungskräften einen Zutritt ins Fahrzeug verweigerten oder auch von Hunden, die nach einem Unfall verwirrt über die Autobahn liefen und dabei zu Schaden kamen, hat man leider schon lesen müssen! Darum machen Sie aus Ihrem Wohnmobil mit sinnvollen Handgriffen oder mit Hilfe von Fachleuten wie von „Wauwiemobil“ (ebenfalls ein Teil von Waumobil) ein sicheres Zuhause für unterwegs!

So geht der Hund sicher mit auf Reisen.

Praktische Helferlein

Notwendiges und Nützliches im Wohnmobil

79

Wie jeder Autofahrer, so hat auch der Wohnmobilfahrer Bordwerkzeug, Warndreieck, Verbandskasten und Warnwesten im Wagen. Nun ist aber die Reise mit dem Wohnmobil in der Regel erstens länger und zweitens sehr viel vielfältiger. Was einem an nützlichen Utensilien fehlt, stellt man leider erst dann fest, wenn man das Helferlein gebrauchen könnte und es nicht dabei hat. Hier eine Liste von Dingen, die wir schon einmal vermisst haben und die seitdem einen festen Platz in unserem Wohnmobil haben:

Mini-Werkzeugset (z. B. Leatherman): kommt bei Ausflügen in den Rucksack, um z. B. eine Fahrradpanne zu beheben, sonst liegt es im Staukasten im Wohnraum. So muss bei einer losen Schraube an der Schublade nicht die große Werkzeugkiste aus der vollen Garage gekramt werden.

Panzertape: Mit einer Rolle Panzertape kann man fast alles notdürftig reparieren, von der gerissenen Markise bis zur Befestigung des Außenspiegels.

Kabelbinder: Ähnlich wie Panzertape lässt sich mit einem Kabelbinder vieles kurzfristig reparieren.

Stirnlampe: Plötzlich stürmt und regnet es. Der Grill muss noch in die Garage und die Markise eingeholt werden. Hat man beide Hände frei, geht das natürlich deutlich besser.

Praktische Helfer gehören mit an Bord.

Rucksack: unerlässlich für längere Spaziergänge, Wanderungen und den Einkauf per pedes.

Gießkanne: Eventuell müssen Sie zwischendurch den Frischwassertank nachfüllen und es ist kein Wasserhahn in „Schlauchlänge“ erreichbar. Mit der Tülle einer Gießkanne lässt sich das Wasser bequem in den Füllstutzen des Tanks einfüllen.

Wäscheklammer mit Saugnapf: „Parkschein sichtbar hinter die Scheibe legen“, so steht es meistens auf den Parkscheinen, und auch an der Campingplatz-Rezeption bekommen Sie meist eine Aufenthaltsgenehmigung aus Papier. Gerade diese kleinen Parkscheine lassen sich oft schwer an der Scheibe befestigen. An der Frontscheibe fallen sie in die Lüftungsschlitze, an der Seitenscheibe läuft man Gefahr, dass sie aus Versehen beim Fensteröffnen in der Türverkleidung verschwinden. Eine sehr praktische Lösung für dieses Problem ist eine Wäscheklammer mit Saugnapf. Wäscheklammer an die Scheibe und Parkschein in die Klammer = perfekt.

Feuerlöscher: Ein Wohnmobil besteht im Inneren aus viel brennbarem Material. Es kann nicht schaden, für den Brandfall im eigenen Wohnmobil oder zur Hilfestellung bei einem anderen einen Feuerlöscher zur Hand zu haben. Dieser sollte schnell greifbar im Wohnmobil platziert sein und nicht unter anderem Campingzubehör in der Garage verschwinden. Zudem gibt es Reiseländer, in denen es generell Pflicht ist, einen Feuerlöscher an Bord zu haben, so in Griechenland, Belgien und Polen.

Warnleuchte: Wohnmobile über 3,5 Tonnen müssen zusätzlich zum vorgeschriebenen Warndreieck eine Warnleuchte mitführen. In der StVZO, § 53a Absatz 1, steht beschrieben, welche Merkmale die Leuchte zu erfüllen hat: „Warnleuchten müssen gelbes Blinklicht abstrahlen, von der Lichtanlage des Fahrzeugs unabhängig sein und eine ausreichende Brenndauer haben“.

Und dann gilt noch: andere Länder andere Vorschriften. In Brüssel arbeiten zwar viele Menschen daran, alle möglichen Dinge EU-weit einheitlich zu regeln, aber bis es soweit ist, gelten in anderen Reiseländern oftmals andere Vorschriften. So ist es zum Beispiel in Frankreich vorgeschrieben, ein unbenutztes Alkoholatemtestgerät im Handschuhfach mitzuführen. Diese Vorschrift wurde 2012 erlassen. Da die Industrie mit der Produktion nicht nachkam, wird ein Verstoß nicht geahndet.

Grillsport Wohnmobilklasse

80

Fehlt Ihnen der richtige Helfer?

Der unangefochtene Lieblingssport der Camper und Wohnmobilfahrer ist das Grillen. Man kann eigentlich behaupten: Campingurlaub und grillen gehört zusammen wie ... Wohnmobil und Grill! Aber welcher Grill ist denn nun der richtige? Sie befragen dazu auf einem Stellplatz zehn erfahrene Wohnmobil-Teams und werden anschließend mindestens 15 Meinungen erhalten. Da ich keinen meinungsbildenden Artikel schreiben und schon gar nicht den einen oder anderen eines Besseren belehren möchte, beschränke ich mich auf die Vorstellung verschiedener Varianten mit ihrem Für und Wider:

Der Einweggrill

Egal ob mit Holzkohle oder Briketts als Quelle der Glut, er ist immer mit einer Unmenge von Grillanzündern bestückt. Binnen kürzester Zeit verbreitet sich ein beißender Geruch über den Stellplatz. Haben Sie sich nicht auch schon gefragt, ob die auch noch Würstchen grillen? Er wird oft von Bulli-Fahrern oder der Fraktion Mietmobil genutzt, die schnell noch einen Einweggrill an der Tankstelle erworben haben. Das Grillergebnis passt sich entsprechend an.

Der Holzkohlegrill

Seit Jahrhunderten bewährt und genutzt. Die Nutzer schwören auf den unvergleichlichen Geschmack, wenn Würstchen und Qualm ineinander übergehen. Das Steak schmeckt zwischen dem rohen und verbrannten Teil allerdings sehr lecker. Hinzu kommt, dass man sich rechtzeitig entscheiden sollte, wann man essen möchte, denn bis alles soweit ist, kann durchaus eine Stunde vergehen!

Der Kugelgrill mit Briketts

Wenn Sie einen Brikett-Grillanzünder in der Hand des Grillmeisters sehen, ist wahrscheinlich ein Profi am Werk. Wenn auf dem Grill auch noch ein großes „W“ und dahinter „eber“ steht, dann wissen Sie: Es ist einer! Binnen kürzester Zeit ist die Kohle am Glühen und wird fachgerecht in verschiedene Zonen verteilt, damit Ruhezonen auf der Grillplatte entstehen. Die Kugel schließt sich ohne dass es qualmt, und nur ein angenehmer Duft des Grillguts steigt in Ihre Nase. Danke, Herr Nachbar!

Wohnmobil ohne Grill? Geht gar nicht!

Der Gasgrill

Bei den Punkten Schnelligkeit und Steuerung der Hitze unschlagbar. Größtes Manko ist bei einigen Bauweisen die Konstruktion, denn der Aufbau eines Cadac-Grills kann durchaus 15 Minuten in Anspruch nehmen. Als Gasquelle bietet sich entweder ein Gasaußenanschluss oder eine Flasche der Bordversorgung an, achten Sie aber auf den Versorgungsdruck, eventuell benötigen einen extra 50-mbar-Regler für den Grill. Das Grillgut kann je nach Typ auf dem Rost, auf der Platte oder sogar in Paella-Pfannen und einer Wok-Schale positioniert werden. Ein gutes Grillergebnis ist bei richtiger Handhabung ein Kinderspiel.

Der Elektrogrill

Für viele ein No-Go, hat er sich inzwischen aber seine Position am Markt erkämpft. Auch er ist schnell einsatzbereit, vorausgesetzt, man hat die wichtigste Zutat: Strom! Ein weiterer Nachteil ist die geringere Hitzeentwicklung, dies sollte bei der Auswahl des Grillgutes berücksichtigt werden. Elektro- und Gasgrill lassen sich beide hervorragend reinigen und sind in der Handhabung sehr sicher.

Traumziele in Europa 7

Griechenland, der antike Traum

81

Geschichte, Tradition, Gastfreundschaft und Sonne: Wer nach all dem auf der Suche ist, sollte sein Wohnmobil packen und einen der italienischen Häfen ansteuern, von dem aus die Fähren über das adriatische Meer ablegen. Die Reisezeit entscheidet darüber, wieviel Sonne und Wärme (manchmal eher Hitze) Sie wünschen oder vertragen. Griechenland besitzt mit Kreta das südlichste Stück Land Europas im Mittelmeer! Auch der südliche Peloponnes ist im Winter schneefrei. Ob Januar oder Oktober, Sie werden immer ein schönes Plätzchen finden. Wenn Sie das Land im Hochsommer bereisen, sollten Sie durchaus mit Temperaturen über 40 Grad Celsius rechnen und im August mit einer kargen Landschaft. Im Frühjahr dagegen zeigt sich Griechenland von seiner besten Seite. Sie erleben eine üppige Vegetation bei angenehmen Reisetemperaturen und es macht Freude, die antiken Stätten einer jahrtausendealten Kultur zu erobern. Besonders reizvoll ist eine Rundfahrt über die Halbinsel des Peloponnes, die Sie bequem vom Fährhafen in Patras ansteuern. Die weiten Hochebenen der Mani, das alte Olympia, verlassene Dörfer auf dem Weg nach Porto Koga oder einige Tage in der einsamen Bucht von Pigadi bieten tolle Einblicke in das Land.

Griechenland wie aus dem Bilderbuch

Badestelle am Golf von Korinth

Alte Wohnmobilfahrer-Romantik

Ja, es gibt sie noch, die bekannten Stellen aus der „Hippiezeit“, auch wenn Sie sich heute zum Teil anders präsentieren. Geblieben ist in jedem Fall die griechische Gastfreundschaft, Lebensart und Lebensfreude zu gleich. Kein Wirt, bei dem Sie einkehren, wird Ihnen eine Übernachtung auf seinem Parkplatz abschlagen. Auch Wasser oder eine Toilettenentsorgung wird er Ihnen, auf freundliche Nachfrage hin, ermöglichen. Nach wie vor werden Ihnen an vielen Orten Einheimische begegnen, die der deutschen Sprache mächtig sind. Am Ende der Rundfahrt erwartet Sie der Golf von Korinth, dessen Küste man wunderbar folgen kann und von dem sich sehr schöne Abstecher ins Hinterland anbieten. Aufgrund der weiten Anreise sollten Sie sich nach Möglichkeit drei Wochen Zeit lassen. Auch Athen kann man über die gut ausgebaute Autobahn erreichen. Die pulsierende Metropole sollte dann aber entspannt mit öffentlichen Verkehrsmitteln vom Campingplatz aus erkundet werden. Fähren nach Kreta finden Sie übrigens in den Häfen von Piräus und Thessaloniki.

Die Lieblinge aller

82

Die Gemeinschaft der „Best Ager"

Sie sind über 50, überdurchschnittlich intelligent und verfügen über eine hohe Kaufkraft? Herzlich willkommen in der Gemeinschaft der „Best Ager", der „Generation Plus" oder „Generation Gold". Sie sind gern gesehene Gäste auf der ganzen Welt, entsprechend auch beim Wohnmobil- und Zubehörverkäufer, dem Campingplatzbetreiber sowie bei Gastronomen und Einzelhändlern am Urlaubsort. Im Gegensatz zu früheren Generationen Ihres Alters sind Sie sehr affin gegenüber der Modernität und aufgeschlossen für Neues, qualitätsbewusst und bereit, sich etwas zu gönnen. Das mit dem Gönnen ist doch eine schöne Sache. Nicht mehr immer nur „wir warten noch" oder „das ist später für die Kinder" – Sie sind dran!

Die neue Generation

Der „Best Ager" geht mit der Zeit, das Smartphone gehört längst zum Alltag wie bei einem 25-jährigen, nur nutzt er es sinnvoller und für viele Dinge, die ihm das Leben einfacher machen. Besonders der Wohnmobilfahrer nutzt dazu gerne auch das Tablet. Die Fotos der Kinder und Enkel, des Hundes und des letzten Urlaubs gibt es längst nicht mehr gedruckt in der Geldbörse, sondern sie werden in geselliger Runde von der Foto-App präsentiert. Aber so leicht zu haben ist der „Best Ager" nicht, denn er verlangt eine angemessene Gegenleistung, bevor er sein sauer verdientes Geld ausgibt. Sollte diese nicht stimmen, ist er gewillt, dies kund zu tun. Er schaut zweimal mehr in den Wohnmobilführer, bevor er ihn dann kauft. Im Gegensatz zur „Young Generation" geht er nach Inhalt und sucht weniger lang im Internet, um den besten Preis zu finden. Möge der „Best Ager" seine Vitalität lange erhalten, denn er ist ein Motor der Caravan-Industrie und allem, was dazu gehört. Übrigens freue ich mich sehr, selbst ein Teil dieser anspruchsvollen Gemeinschaft zu sein, die ihre Position gut einzuschätzen weiß und schon lange nicht mehr alles „frisst", was man ihr vorsetzt.

Gern gesehen und glücklich

83

Heckbox oder Dachbox?

Wenn der Stauraum nicht reicht

Das Wohnmobil verkaufen, nur, weil der Stauraum für die vielen Hobbys nicht mehr ausreicht? Vielleicht ist die zusätzliche Dach- oder Heckbox eine gute Alternative zu einer Neuanschaffung, und günstiger ist sie allemal. Gerade bei Heckboxen hat sich viel getan. Sie lassen sich mittels einer Art Plattform unkompliziert montieren und, in Höhe der Stoßstange sitzend, sehr gut beladen. Je nachdem, was sie verstauen wollen, gibt es eine komplett verschlossene Box mit Leichtmetall- oder Kunststoffkörper und eine Version aus verstärkter Lkw-Plane, die sehr stabil auf einem Rahmen angebracht ist. In den Metallösen lässt sich dann ein Schloss anbringen. So können zum Beispiel E-Bikes wetterfest und sicher verstaut werden. Eine beladbare Tiefe bis zu 80 Zentimeter und nahezu die gesamte Fahrzeugbreite bieten viel Stauraum für die Campingausrüstung oder Fahrräder. Die geschlossenen Boxen aus Leichtmetall lassen sogar ein Innenregal zu, damit das gesamte Volumen übersichtlich und praktikabel beladen werden kann.

Das Gepäck wandert auf das Dach

Ganz anders sieht es da mit der Dachbox aus. Hier ist schon mehr Vorbereitung nötig. Am einfachsten kann man sie an einer Dachreling montieren. Leider sind diese aber schon lange kein Standard mehr. Die Box wird dann auf den Quertraversen verschraubt und diese an der Dachreling befestigt. Für den Aufstieg sind eine feste Leiter am Heck oder eine Ausziehleiter, die es in verschiedenen Breiten gibt, möglich. Bei dieser Gewichtsverteilung ist eigentlich nur wichtig, auf die Traglast der Box zu achten. Für viele Wassersportler gab es eigentlich Jahrzehnte keine Alternative zum Dach, um Segel und Masten unterzubringen. Bedenken Sie aber, dass die Höhe des Wohnmobils wächst. Ohne Ihnen weh tun zu wollen, möchte ich anmerken, dass die Dachbox eine gewisse Beweglichkeit des Nutzers verlangt und dieser Faktor nicht zu unterschätzen ist. Wiegen nicht vergessen!

Dachbox für zusätzlichen Stauraum

Unterwegs mit Rabatt

Hier spart der Wohnmobilfahrer

84

Glücklicherweise sind Sie von der „Geiz ist geil"-Mentalität weit entfernt, aber sparen möchte man doch gerne. So sollte auch der Wohnmobilfahrer das eine oder andere sinnvolle Sparpaket nutzen. In der Vor- und Nachsaison geht das sehr einfach mit der CampingCard ACSI. Ab 14,95 Euro im Jahr sind Sie dabei und erhalten zu bestimmten Zeiten ab 11 Euro eine Übernachtung für zwei Personen, Stellplatz, Strom bis vier kWh, einen Hund, bis zu drei Kindern von drei bis fünf Jahren und eine warme Dusche für zwei Personen. Die Gebühren richten sich dabei nach der Qualität des Campingplatzes, es kann also auch bis 19 Euro gehen. Auch die Camping Key Card des ADAC wird gerne genommen bzw. ist sie bei einigen Angeboten im Ausland sogar Voraussetzung, um überhaupt einen Platz zu bekommen. Dies gilt zum Beispiel bei Club-Plätzen in Großbritannien oder Schweden. Auch diese 12 Euro sind somit gut investiert.

Treffen Sie ihre Wahl

Sehr gut ist auch das System des Camping Travel Clubs (vormals Camping Cheque). Hier erwerben Sie die Camping Travel Card Silver tatsächlich für null Euro. Bei Bedarf buchen Sie auf dieses Konto eine beliebige Summe, um dann zum Beispiel innerhalb von zwei Jahren das Guthaben auf Campingplätzen einzusetzen. Also prüfen Sie, ob in Ihrer geplanten Reiseregion teilnehmende Anlagen sind. So können Sie Preise von 15 bis 18 Euro für eine Übernachtung mit zwei Personen, Camper, Hund, Strom und Dusche erreichen.

Auch die Camping Card International ist mit Rabatten bis 40 Prozent auf mehr als 2.500 Plätzen in Europa einsetzbar. Hierzu muss man allerdings bereits irgendwo Mitglied sein (zum Beispiel beim ADAC, ACE, Campingverband etc.), um diese dann für Portokosten zu erhalten. Sie gilt gleichzeitig als Identitätsnachweis.

Allgemein kann man sagen, dass sich die Anschaffung meist schon ab zwei oder drei Übernachtungen rechnet. Selbstverständlich arbeiten die meisten bereits mit Apps. So lassen sich schon unterwegs passende Angebote im Umkreis heraussuchen und finden. Vor allem für Familien lohnen sich diese Angebote besonders, da ganz oft die Kinder bis 14 oder sogar 16 Jahren inkludiert sind.

Auch der Wohnmobil-Liebhaber „liebt" Rabatte

Nase zu und durch

85

Chemie oder nicht, das ist hier die Frage

Auf dieses Thema haben Sie bestimmt gewartet! Nein, die Toilette habe ich natürlich nicht vergessen, ist sie doch eine der wichtigsten Bordausstattungen überhaupt. Über kein Thema wird annähernd so wenig berichtet wie über sie. Das merkt man auch schon an der Entsorgungsstelle am Stellplatz oder Campingplatz. Während beim Abwasch eigentlich ein Gespräch zu Stande kommt, wird bei der Toilettenentleerung gerne geschwiegen. Man muss aber auch sagen, dass die Entleerung und Säuberung einer Toilettenkassette ohne Duftmittel oder sonstigen chemischen Zusatz wirklich nichts Spannendes oder Ergreifendes ist. Womit wir mitten im Thema sind: Chemie oder nicht? Vielleicht auf Biobasis, oder als Geheimmittelchen ein paar Tropfen Duftöl? Jeder entwickelt da seine eigene Philosophie. Lustig ist hier wiederum zu beobachten, dass nahezu ausnahmslos das männliche Geschlecht an der Toilettenfront tätig ist.

Chemie oder doch ein Gebläse?

Bald schon Standard ist bei neuen Wohnmobilen die SOG®-Abzugsanlage. Hier werden die Gerüche direkt bei der Entstehung nach außen abgeleitet – besonders spaßig, wenn es direkt an der Tür montiert ist. Auf der Fahrerseite erhält dann der Nachbar die Ladung Luft oder auf der Beifahrerseite der eigene Frühstückstisch, das ist immer wieder ein gern genommenes Thema. Da ist der Abzug über den Kamin zum Dach ganz klar zu bevorzugen, was eine nachträgliche Montage nicht erleichtert. Deswegen bei einer Neuanschaffung für ca. 250 Euro am besten gleich dazu ordern. Gerade in größeren Fahrzeugen (Gewicht) bekommen Sie das ganze wahlweise mit einem Fäkaltank bis 150 Liter Fassungsvermögen, dann auch meist mit Porzellan-Toilettenbecken. Da kann man jetzt nach Herzenslust bis zu 14 Tage den Behälter füllen.

Toilettenentlüftung als Alternative zur Chemie

Große Auswahl an Toilettenzusätzen

Bei der Entleerung wäre man dann lieber abwesend! Bei der neuen Generation gebe ich zu bedenken, dass der Spülmechanismus mittels Grauwasser auch immer eine Verbindung zum Wasser zulässt und hoffentlich immer alle Geruchsverschlüsse halten.

Wenn es gar nicht mehr geht

Wenn es Ihr Gepäckraum zulässt, ist auch die Mitnahme einer zweiten Kassette gut: Erstens haben Sie im „worst case" einen Ersatz an Bord und zweitens bei Defekt einen Ersatz. Was Sie unbedingt testen sollten, sind die neuen Entleerungsautomaten, die gleichzeitig die Kassette reinigen. Das sind zwei sehr gut investierte Euro! Als oberstes Gebot gilt: Gerade wer Chemie verwendet, darf bei einem Engpass niemals die Toilette in der Landschaft oder in irgendeiner Ablaufrinne entsorgen – dann schon besser eine Toilette am Rastplatz nutzen!

„Eine Seefahrt die ist lustig …“

Mit dem Wohnmobil aufs Wasser

86

Es gibt sie, die Umsteiger vom Boot oder Schiff auf das Wohnmobil. Das gibt den meisten mehr Flexibilität und einen größeren Radius, besonders bei Kurzausflügen. Doch irgendwann fehlt dann doch einmal das geliebte Nass, der Blick vom Wasser auf die Landschaft, das Einlaufen in den Hafen und die Seemannsromantik. Sie möchten auch einmal gerne nicht immer nur Kapitän der Landstraße sein? Da können wir Abhilfe schaffen.

Wasser und Wohnmobil, ein neues Abenteuer

Mit dem Wohnmobil aufs Wasser, das ist das neue „Zauberwort“. Sehnsüchtig schaut man auf einer Tour durch Mecklenburg-Vorpommern auf die Kanäle und Seen, die wie verschlungene Pfade wirken, aber leider nicht mit dem Wohnmobil zu entdecken sind. Seit einiger Zeit gibt es nun die Gelegenheit, beides miteinander zu verbinden: eine Woche über Land und eine Woche auf dem Wasser mit dem geliebten Zuhause auf Rädern. Freecamper, Skippercamping oder Wassercamper heißen die

Hier wird jeder zum „doppelten“ Kapitän

Möglichkeiten, die es dafür gibt, und sie machen das Wohnmobil zum Amphibienfahrzeug. Eine geniale Idee, denn diese seltsam klingenden Gefährte sind auch noch führerscheinfrei zu steuern. Sie nehmen Wohnmobile bis zu acht Meter Länge bei einem Gewicht von bis zu 4,5 Tonnen einfach auf ihre Plattform. Einmal festgemacht und gesichert, kann die Reise losgehen. Denn alles andere haben Sie ja wie gewohnt im Wohnmobil. Es gibt sogar Varianten mit erhöhtem Steuerstand, wo Sie den Blick rundherum frei über das Wohnmobil genießen.

Bezahlbares Vergnügen

Anlegestellen gibt es entsprechend in Häfen, an Kaimauern von Orten (ist dann auch ein Hafen) und mittlerweile sogar an Campingplätzen mit Anlegestegen. Ausreichend große Abwassertanks an Bord inklusive der Toilettenentsorgung sorgen für einen reibungslosen und unbeschwerten Aufenthalt. In den Häfen kann man sich dann auch mit Landstrom versorgen. Das rundherum gelungene Abenteuer beginnt ab 400 Euro für ein Schnupperwochenende. Die Einweisung mit Probefahrt findet bei Übergabe im Hafen der Anbieter statt. Die „Fährschiffe" sind so groß, dass auch die Campingausrüstung platziert werden kann. Probieren Sie es aus! Eine wunderbare Abwechslung, mit einem Kick vom Alltag weg.

Ein guter Start in den Tag

Frühstücksideen zum Nachmachen

87

Urlaub heißt unter anderem, dass man endlich die Zeit hat, das Frühstück so richtig zu zelebrieren. Lassen Sie den Tag einfach ganz relaxt angehen und sinnieren Sie bei einem ausgiebigen Frühstück über den weiteren Tagesablauf oder die nächsten Etappen. Nicht nur Hotelurlaubern steht ein reichhaltiges Frühstück zur Verfügung. Auch im Wohnmobil lässt sich ein feudales Frühstück zaubern und jeden Tag ein Gefühl von Sonntagmorgen mit Kaffeeduft, weichem Frühstücksei und ausgiebiger Zeitungslektüre erleben. Mit diesen Rezepten starten Sie zum Beispiel süß und herzhaft in den Tag:

Apfelpfannkuchen für vier Personen

Sie benötigen: 4 Eier, 250 ml Milch, 2 EL Zucker, 160 g Mehl, 2 Äpfel, 4 TL Butter oder Margarine, evtl. Sahne und Zimt

Äpfel waschen, entkernen und in Spalten schneiden. 2 TL Butter und 1 TL Zucker in einer beschichteten Pfanne schmelzen und die Apfelspalten darin leicht karamellisieren. Die karamellisierten Äpfel auf einem Teller zur Seite stellen – die Pfanne wird gleich noch benötigt. Eier, Milch, 1 Esslöffel Zucker und Mehl verquirlen. ¼ vom Teig und ¼ der Äpfel (es sollen ja 4 Portionen werden) in die Pfanne geben und von beiden Seiten goldbraun backen. Wer nun noch möchte, verfeinert das Ganze mit geschlagener Sahne und einer Prise Zimt. Fertig!

Bayerische Brezen und Obatzter für vier Personen

Sie benötigen: 4 Laugenbrezen, 60 g weiche Butter, 80 g Romadur, 80 g Camembert, 70 g Doppelrahm-Frischkäse, 1 Msp. Paprikapulver, 0.5 TL ganzer Kümmel, Salz, Pfeffer, rote Zwiebel, Schnittlauch

Butter schaumig schlagen und kleingewürfelten Romadur, Camembert und Frischkäse unterrühren. Mit Salz, Pfeffer, Paprika und Kümmel würzen und abschmecken. Zwiebel und Schnittlauch in feine Ringe schneiden. Die Brezen vorsichtig in der Mitte aufschneiden und mit dem Obatzten bestreichen, mit Zwiebelringen und Schnittlauch garnieren, wieder zusammensetzen – fertig!

Mit einem entspannten Frühstück beginnt der neue Tag.

Vitaminbombe mit Knusperchen

Obst nach Belieben und Saison (Banane, Apfel, Mango, Aprikose, Weintrauben ...) in mundgerechte Stücke schneiden. Etwas Obstsaft mit Agavendicksaft verrühren und mit dem Obst mischen. Joghurt, braunen Zucker und Vanilleschote (oder Vanillezucker) miteinander verrühren. Obst in Gläser oder Schüsseln geben, den Vanillejoghurt darüber verteilen und als Topping ein wenig Knuspermüsli oder zerkleinerte Nüsse darüber streuen. Power on!

Gasversorgung im Wohnmobil

Eine wichtige Energiequelle

88

Eine der meist genutzten Energiequellen im Wohnmobil ist das Gas. Es macht Sie unabhängig vom Strom und kann sehr unkompliziert mitgeführt werden. Nachschub ist in ganz Europa unproblematisch zu erhalten. Gas versorgt den Kühlschrank, die Heizung, den Herd, den Backofen und auf Wunsch auch den Grill. Es ist dauerhaft zu nutzen und gasbetriebene Geräte sind extrem robust und lange haltbar. Kühlschrank und Heizung laufen im Dauerbetrieb oft wochenlang.

Ohne Gas geht es nicht

Alle Alternativen, die heute angeboten werden, kommen nur ganz schwer an diese Leistungen heran. Eine Stromheizung kostet im Verbrauch wesentlich mehr und ist nicht so effizient. Bedenken Sie immer, dass die Heizung in der kalten Jahreszeit nonstop im Einsatz ist. Wer zwei 11-Liter-Flaschen für die Versorgung hat, kann im Sommer mit Kochen

Kühlen, heizen, kochen

und Kühlschrank gut vier Wochen unterwegs sein, ohne einen Mangel zu erleiden. In strengen Wintern mit durchgehenden Frostperioden können es schnell nur vier Tage sein! Wem das zu wenig ist oder wenn Sie ein sehr großes Wohnmobil besitzen, sind auch der Einbau und die Nutzung eines Gastanks möglich. Diese sind bis zu einer Füllmenge von 195 Litern erhältlich, in der Praxis fassen die gängigsten 80 bis 120 Liter. Ein LPG-Gastank hat eine Nutzungsdauer von mindestens 20 Jahren, andere Gastanks benötigen nach zehn Jahren eine Gasdruckprüfung. Zu diesem Thema könnte man bequem ein ganzes Buch schreiben, da es auch in der Fachwelt viele Meinungen gibt. Fest steht, dass der „normale" Camper aber mit Hilfe von Adaptern sicher durch Europa kommt. In manchen Ländern bietet es sich zudem an, einfach eine Gasflasche zu kaufen, und sie bei der Ausreise einfach wieder abzugeben.

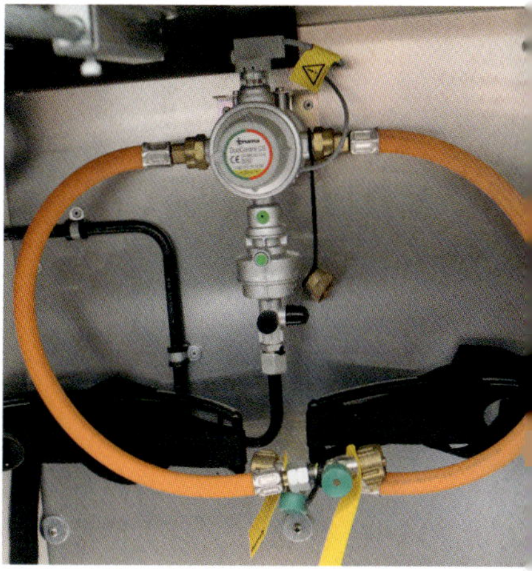

Die Duo-Control mit Crash-Sensor sollte heute Standard sein.

Wir wollen autark sein

Der Kompressor-Kühlschrank ist immer auf Strom angewiesen und die 12-Volt-Kühlbox dafür kein wirklicher Ersatz. Für Wohnmobilfahrer, die autark unterwegs sein möchten, sind das keine gangbaren Wege. Gas zum Kochen ist einfach ein Traum, es geht schnell, ist sauber und der Verbrauch ist schon fast zu vernachlässigen. Dies gilt genauso für den Backofen oder auch den Grill, der mittels des Außenanschlusses betrieben wird.

Das Flüssiggas besteht zu 60 Prozent aus Butan- und 40 Prozent aus Propangas. Im Winter füllt die Industrie die Mischungsverhältnisse umgekehrt, da Propan in der kalten Jahreszeit besser verbrennt. Gas ist ein sehr sicherer Energielieferant, den man natürlich nicht unterschätzen sollte. Darum nehmen Sie die Gasprüfung ernst und betrachten sie nicht nur als notwendiges Übel oder eine Schikane, ebenso den Austausch von porösen Gasleitungen. Ein Gaswarner oder ein Crashsensor lassen sich nachrüsten und sollten heutzutage Standard sein, wie ein Smartphone.

Duscht Ihr auch?

Fragen, die der Camper nicht mehr hören kann

89

Geht es oder ging es Ihnen zum Beginn Ihrer Campingkarriere auch so, dass merkwürdige Fragen Ihrer Freunde, Bekannten und Verwandten irgendwann zur verstärkten Bildung von Ohrenschmalz führten? Hier sind einige der beliebtesten Fragen an uns Camper – und dazu gleich ein paar beliebte Antworten, die Ihrem Gegenüber durchaus das Blut in den Adern gefrieren oder vielleicht sogar kochen lassen:

Wie macht Ihr das mit dem Duschen?
Wir öffnen die Duschtüre, lauschen der Musik und öffnen den Zufluss der Regendusche. Wir treffen uns morgens mit den anderen Campern und schütten uns gegenseitig einen Eimer Wasser über den Kopf.

Sind Camper nicht unglaublich spießig?
Doch, diese Hilfsbereitschaft und ständigen Einladungen zum Barbecue gehen einem irgendwann schon gehörig auf die Nerven.

Wo habt Ihr denn eure Gartenzwerge?
Direkt neben Euch, die zwei Rottweiler Bonnie und Clyde.

Wer will da ins Hotel?

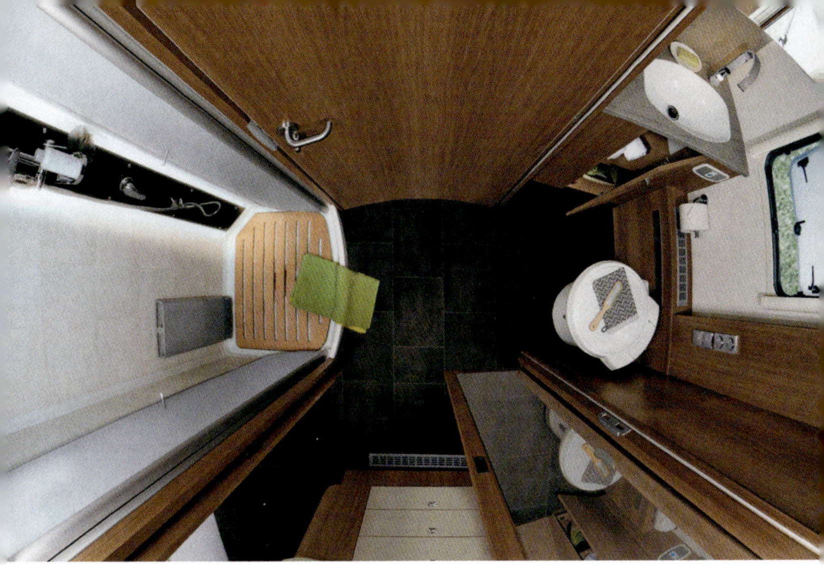

„Ja, wir haben ein richtiges Badezimmer an Bord"

Warum fahrt Ihr nicht in ein Hotel und lasst Euch verwöhnen?
Weil wir mit dem Wohnmobil so schlecht in die Tiefgarage passen. Weil wir nicht so sehr auf dreckige Matratzen und abgefressene Frühstücksbüffets stehen.

Ist Camping nicht unkomfortabel?
Ja, es war wahnsinnig schwer, den Geschirrspülautomaten in der Küche unterzubringen. Ja, das Meeresrauschen am Strandstellplatz geht einem in der Nacht schon auf die Nerven.

Ihr fahrt über Landstraßen? Das dauert doch ewig!
Ja, deswegen haben wir immer so lange Urlaub. Ja, aber da haben wir einen besseren Blick auf die kilometerlangen Staus auf der Autobahn.

Könnt ihr euch keinen richtigen Urlaub leisten?
Nein, das Wohnmobil hat so viel gekostet, da können wir nur noch durch die Gegend fahren und die Landschaft genießen. Wir übernachten einfach nur ungern auf Flughäfen, weil mal wieder der Flug ausfällt.

Geht man sich bei der Enge nicht auf die Nerven?
Ja schon, aber zum Glück haben wir zwei Schlafzimmer. Nein, denn zum Glück haben wir zwei Kilometer Privatstrand vor der Tür.

Messebesuch richtig gemacht

90

Gut vorbereitet ist halb gespart

Wie die gesamte Campingbranche, so boomen auch die Messen zum Thema Camping, Wohnmobil und Touristik. Besucherrekorde an allen Standorten in unserer Republik sind an der Tagesordnung. Besonders zu nennen sind hier die Fenster der Reisemobilbranche mit der CMT in Stuttgart im Januar, dem Caravan Salon Düsseldorf Ende August und den Regional-Messen in Hannover, Leipzig, Nürnberg oder Hamburg. Diese Messen ziehen natürlich auch alle Zubehörlieferanten auf die Bühne des Geschehens. Sie präsentieren, wie die Wohnmobilhersteller, ihre Produkte und Neuheiten, aber was für den Kunden viele interessanter ist: Sie verkaufen dort auch! Jetzt schlägt die Stunde der Wohnmobilfahrer und somit auch Ihre, wenn Sie kaufen möchten. Egal ob es ein Vorzelt oder Safariroom ist, neue Campingmöbel, ein E-Bike, Freizeitbekleidung – selbst die Buchung von Campingplätzen oder Fähren ist möglich.

Auf alle Fälle bequemes Schuhwerk

Durch die Vielfalt der Angebote fühlt man sich ganz schnell ein wenig überfordert, oder wie heißt es so schön: Man sieht den Wald vor lauter Bäumen nicht! Somit ist die richtige Vorbereitung auf das Abenteuer Messe sehr wichtig. An vielen Messen können die Wohnmobilisten mit ihrem Gefährt übernachten und seien Sie beruhigt, nicht überall herrscht so ein Chaos wie zur größten Caravaning Messe der Welt in Düsseldorf. Oft werden Kombi-Eintritte für zwei Tage angeboten und wenn Sie es sich organisatorisch einrichten können, empfehle ich, dies wirklich wahrzunehmen. Somit ist der erste Tag für die Anreise reserviert, vielleicht mögen Sie ab 14 Uhr die Auswahl sondieren, um dann am zweiten Tag frisch und erholt zuzugreifen! Das verhindert Panikkäufe oder dass Sie den notwendigen Vergleich aus Zeitmangel verpassen. Was auch immer Sie hören oder in der Fachpresse lesen, gerade Neufahrzeuge erhalten Sie nirgends so günstig wie im Rausch einer Messe. Händler sind bereit, bei einer Inzahlungnahme mehr zu bieten. Oder die Rabatte gehen, vor allem am letzten Messe-Wochenende, „durch die Decke“ (durch den Boden träfe es vielleicht eher). Das hängt damit zusammen, dass die Geschäfte dann meist schon so gut waren und die Anbieter in einer gewissen Euphorie sind – oder genau umgekehrt, der Umsatz war noch nicht sehr berauschend und man möchte noch etwas retten.

Gute Unterhaltung beim Messebesuch

Nur nicht drängen lassen – oder doch?

Ein ganz wichtiger „Insider-Tipp“: Achten Sie speziell beim Kauf eines Neufahrzeugs darauf, dass der Händler aus Ihrer Region ist und Sie nicht hunderte von Kilometern zurücklegen müssen, um das Fahrzeug zu holen oder Sie bei Eintritt von späteren Garantiefällen auch dort hin müssen – es sei denn, die Gelegenheit ist wirklich einmalig. Beim Zubehör kann es sich dafür genau anders herum verhalten. Es steht nur ein gewisses Kontingent zur Verfügung, ist dieses vergriffen, waren Sie zu spät. Trotzdem gilt: Lassen Sie sich nicht drängen und überlegen Sie eine Nacht, denn eine größere Investition ist wohl überlegt auch doppelt so schön!

Sinnvolles Zubehör II

So rüsten Sie auch innen richtig auf

91

Über das standardmäßig gewohnte Zubehör haben wir in Kapitel 23 bereits gesprochen. Dabei waren besonders äußere Werte im Visier. Darum jetzt zu den inneren, wo sich auch einiges tun lässt. Für Fahrzeuge älteren Datums, die nicht über USB-Ladesteckdosen verfügen, bietet sich während der Fahrt ein kleiner Wechselrichter bis 100 oder 150 Watt Leistung an. Diesen kann man einfach über die 12-Volt-Dose oder die Zigarettenanzünderdose betreiben und ist auch für weitere Geräte mit kleiner Leistung nutzbar (Flachbildschirme oder ein Kompressor zum Füllen der Reifen).

Scherben vorbeugen

Immer wieder ein Problem ist das Verstauen von Gläsern in den Schränken. Ein Universalhalter aus Gummikunststoff ist die ideale Lösung: kein klappern und umfallen mehr, und aus einem richtigen Glas schmeckt ein Wein oder ein Bier eben doch besser. Bei den Töpfen geht es weiter, denn das Wohnmobil ist ja ständig in Bewegung. Legen Sie zwischen jeden Topf bzw. Pfanne ein kleines Spültuch oder Lappen – fertig.

Ein LED-Spot leuchtet mit Batterie bis zu 200 Stunden.

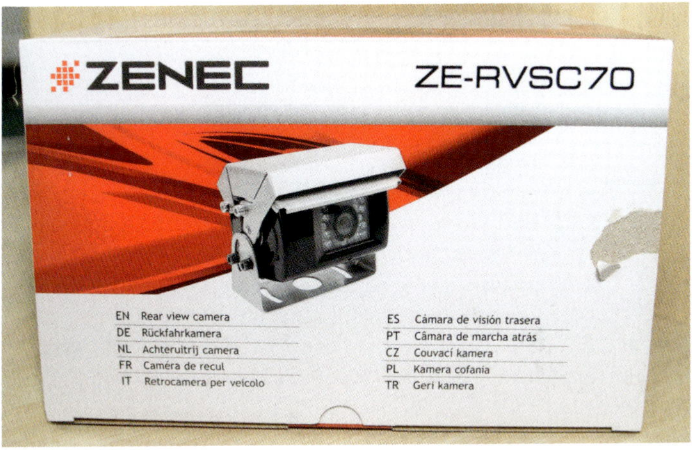

Gute Sicht mit Rückfahrkamera

Teller, sogar aus Porzellan, können mit Kunststoffzwischenlagen wunderbar übereinander gestapelt werden, ohne dass es Scherben gibt. Gut geeignet ist hier eine dünne Matte der Trittschalldämmung für Laminatböden.

Sie haben eine Garage? Dann verschwenden Sie bitte nicht, wie viel zu viele Menschen, die Hälfte davon, indem es nur „luftleerer Raum" bleibt. Ein Regalsystem oder manchmal nur ein Trennbrett wirken wahre Wunder, um den Stauraum sinnvoll zu nutzen. In großen Baumärkten gibt es mittlerweile sogar komplette Ordnungsregale mit Schubladen in verschiedenen Höhen und Breiten. Die lassen sich im Boden, an der Wand oder einfach untereinander verschrauben und sichern. Das geht schnell und kostet weniger, als man denkt.

Es werde Licht, auch wo kein Kabel ist

Das Thema Beleuchtung bzw. fehlende Beleuchtung ist immer mal wieder auf der Tagesordnung! Seit dem Zeitalter der LED-Lampen kann oft günstig und unkompliziert mit batteriebetriebenen Spots gearbeitet werden. Sie sind sehr leicht und halten überall mit nur kleinen Klebepunkten oder Sanitärsilikon, der große Temperaturunterscheide verträgt. Verwenden Sie statt Batterien aufladbare Akkus, schonen Sie auch die Umwelt. Die Brenndauer ist aufgrund der geringen Leistung eines halbes Jahr und mehr. Diese Lampen gibt es ebenso für die Innenbeleuchtung von Schränken. Sie lassen sich wegen der Druckauslösung besser mit kleinen Schrauben befestigen.

Soziale Netzwerke

92

Das Wohnmobil und Facebook

Ob man sich Informationen aus dem Internet holt und sich am „Sozialen Netzwerk" beteiligt, muss jeder für sich entscheiden. Sicherlich gibt es gute Gründe, sich nicht bei Facebook, Instagram und Co. anzumelden – ich persönlich möchte allerdings das Internet und auch „meine" Facebook-Gruppen nicht mehr missen.

Die Facebook-Community rund um die Themen Wohnmobil, Camping und Reisen ist riesengroß und fast jeder findet hier „seine" Gruppe. Allein „Camping mit Hund" hat 21.000 (!) Mitglieder. Diverse Gruppen beschäftigen sich natürlich auch mit Stellplatz- und Campingplatz-Empfehlungen, teilweise sogar noch nach Ländern aufgeteilt. Ist der Plan, den nächsten Urlaub in England oder Schottland zu verbringen, so erhält man in der entsprechenden Gruppe nicht nur tolle Stellplatztipps, sondern oft auch ganz aktuelle Informationen über das Wetter, ob gerade eine Sehenswürdigkeit wegen Renovierungsarbeiten geschlossen hat, Insider-Restaurant-Tipps und andere Informationen aus erste Hand. In der Grup-

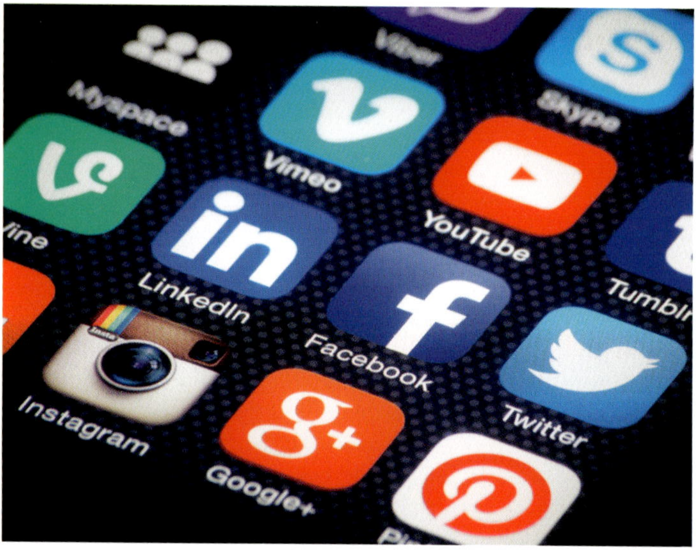

Unterwegs immer online

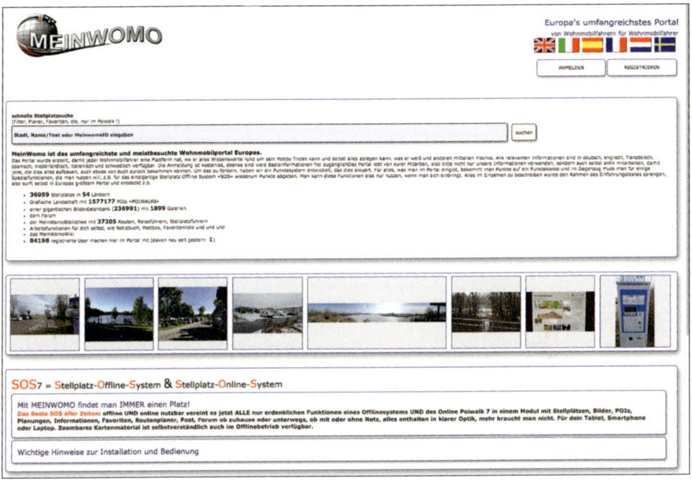

Von Wohnmobilisten für Wohnmobilisten (www.meinwomo.net).

pe „Mein Wohnmobil und ich" tauschen sich zum Beispiel viele Single-Fahrerinnen aus. Gleichgesinnte verabreden sich zu einem gemeinsamen Ausflug mit dem Wohnmobil und Gruppentreffen werden organisiert.

Viele kostenlose Tipps

Bei „Camperflohmarkt" finden sich Ersatzteile und Zubehör, auch für ältere Modelle, die im Handel längst nicht mehr angeboten werden oder wegen Fahrzeugwechsel preiswert abzugeben sind. Sind auf dem Campingplatz Hunde erlaubt, darf ich einen Zaun aufstellen, gibt es eine Hundedusche und schöne Gassiwege? Fragen rund um Wohnmobil und Hund werden gerne und individuell in Gruppen wie „Wohnmobil und Hund" oder „Campingplätze mit Hundeerlaubnis stellen sich vor" beantwortet. „Wenn Camper kochen" hilft mit Anregungen, Rezepten und praxiserprobten Zubereitungstipps. Sie möchten im Süden Überwintern und fragen sich, wie das mit dem Gasflaschentausch funktioniert, wie lange man auf einem Stellplatz stehen darf und ob die medizinische Versorgung im Notfall gut funktioniert? Erfahrene „Überwinterer" geben Auskunft und teilen ihre Erkenntnisse mit den Neulingen. Für wirklich jedes Interesse gibt es also eine Gruppe und das Schöne daran ist, dass der Erfahrungsaustausch unter Gleichgesinnten ehrlich und ohne Werbeslogans ist. Oft können Fragen in Echtzeit beantwortet werden, weil gerade jemand aus der Gruppe vor Ort ist und sofort und aktuell Auskunft gibt.

Eine Liebe ohne Widerworte

Singles und ihr Wohnmobil

93

Die Zahl der Einpersonenhaushalte steigt kontinuierlich an und somit verwundert es auch nicht weiter, dass es immer mehr Singles unter den Wohnmobilfahrerinnen und -fahrern gibt. Leider existiert noch keine Statistik über Single-Wohnmobilfahrer und so weiß man auch nicht, wie das Verhältnis von Frauen und Männern ist. Während Männer auch gerne einmal als „Lonesome Rider" durch die Welt touren, tendieren Frauen eher dazu, sich in kleinen Gruppen zusammen zu schließen. Dabei ist es unwichtig, ob die Reisepartner männlich oder weiblich sind. Dank Internet ist es überhaupt kein Problem, sich mit Gleichgesinnten zu treffen. In verschiedenen Foren, Blogs und Facebook-Seiten werden Erfahrungen ausgetauscht und gemeinsame Touren geplant. Ob man Single aus Überzeugung ist oder weil der Beziehungsstatus nun gerade einmal so ist, es gibt keinen Grund, auf den Spaß am Wohnmobilfahren zu verzichten. Ganz im Gegenteil! Es gibt mindestens fünf gute Gründe, ein Ein-Personen-Wohnmobilfahrer zu werden:

1. Sie hatten schon immer Spaß am Camping, haben bereits Erfahrung mit Wohnmobiltouren oder möchten sehen, ob Ihnen diese Art des Reisens gefallen könnte? Sie besitzen einen Führerschein und haben keine Angst, ein größeres Auto zu chauffieren? Na dann, was spricht dagegen? Sie alleine sind verantwortlich für Ihr Leben und in der Gemeinschaft der Wohnmobilfahrer ist man nie alleine.

2. Wohin soll die Fahrt gehen? Das entscheiden Sie ganz individuell, ohne Diskussionen! Keine Idee? Dann fragen Sie doch in den einschlägigen Facebook-Gruppen nach Ideen und Anregungen – Sie werden erstaunt sein, wie viele Vorschläge dort kommen, ganz ohne diskutieren zu müssen.

3. Die Fahrt zum geplanten Ziel gestalten Sie. Pausen machen oder nicht, schnell oder langsam fahren oder doch mal rechts abbiegen, weil es dort gerade so nett aussieht – kein Beifahrer der nörgelt und will wissen, warum Sie das jetzt so entschieden haben.

4. Gut ausgeschlafen und voller Tatendrang wachen Sie morgens um fünf Uhr auf. Sie dürfen aufstehen, ohne ein schlechtes Gewissen zu haben. Sie

müssen nicht noch drei Stunden ohne Kaffee verharren, weil Ihr Partner noch schlafen möchte. Sie können morgens den Sonnenaufgang genießen, ohne dass jemand die sensible Stille mit überflüssigen Kommentaren stört.

5. Sie können den ganzen Tag so verbringen, wie Sie es möchten, ohne faule Kompromisse eingehen zu müssen.

Kommunikation ist alles

Auf einem Stell- oder Campingplatz ist, wenn man möchte, schnell ein Kontakt zu anderen hergestellt. Eine einfache Frage nach der nächsten Einkaufsmöglichkeit führt oft zu netten, ausschweifenden Unterhaltungen. Alle haben das gleiche Hobby und, egal ob Single, Paar oder Familie, die gleichen Themen: das Wetter, die Wandermöglichkeiten, die Sehenswürdigkeiten und vieles mehr. Und gibt es ein Problem am Wohnmobil, so findet man unter den Wohnmobilfahrern immer jemanden, der mit Fachkompetenz glänzen möchte und sich dem Problem hilfsbereit annimmt. Nur fragen müssen Sie selbst.

So genießt der Single seine Wohnmobil-Tour.

Traumziele in Europa 8

94 Kroatien, Abwechslung pur

Bereits die Anreise, egal ob über Italien oder Österreich, ist ein Gedicht, denn schließlich folgt dann noch das kleine aber feine Slowenien, das Wohnmobilfahrer gerne willkommen heißt. Von Norden einfahrend, bietet sich ein Stopp am wunderschönen See des Ortes Bled an. Dann begrüßt Kroatien Sie mit den Küstenperlen von Istrien und der Kvarner Bucht. Ortsnamen wie Poreč, Rovinj, Pula, Opatija und Reijka sind ausnahmslos tolle Zwischenstopps wert, die Sie nicht verpassen sollten. Viel Kultur und Gastfreundschaft erwarten Sie, neben wundervollen Küstenstraßen.

Über die Inselwelt

Wenn Sie am Abend an den von der Sonne des Tages erwärmten Steinen der Häuser in der Altstadt entlang schlendern, wollen Sie bestimmt nur noch auf die Terrasse der nächsten Taverne! Auch wenn noch nicht alles perfekt ist, ist im nördlichen Teil das Preisleistungsverhältnis wesentlich besser als im südlichen Teil des Landes. Nach der Einfahrt in die Kvarner Bucht erwartet Sie die Inselwelt von Krk, Cres und Rab. Die Erreichbarkeit über den Damm ist hervorragend und die Fährenverbindungen von Krk nach

Tolle Ausblicke auf Kroatiens Küste

Stellplatz am Meer – bitteschön!

Cres und Rab sind kurz und günstig. Egal, wo Sie vor Anker gehen, es ist stets ein Gedicht, die Landschaft und das Meer zu genießen.

Im Süden viel zu entdecken

Doch hier ist Kroatien noch lange nicht am Ende, denn der Übergang nach Dalmatien öffnet das Tor in den Süden. Die Küstenstraße hat ihre Tücken, ist aber allemal reizvoller als eine Fahrt über die berüchtigte A1, den ehemaligen jugoslawischen „Auto-Put“. Die 350 Kilometer bis zur Grenze führen Sie zunächst nach Zadar, wo Sie gleich im Hafen einen Parkplatz für Wohnmobile finden, was in unmittelbarer Nähe zur Altstadt schon etwas Besonderes ist. Weiter geht es über Split, bis man in Makarska die Überfahrt zur Insel Brač erreicht. Diesen Abstecher sollten Sie auf keinen Fall verpassen! Hier erwarten Sie tolle Sandstrände, während im Verlauf bis Dubrovnik ausschließlich felsige Steinküsten zu finden sind. Wer noch einen Abstecher ins Hinterland plant, um den „Schatz im Silbersee“ zu entdecken oder auf Winnetous Spuren wandeln will, sollte dafür insgesamt schon drei Wochen Zeit mitbringen. Wichtig: Im Hochsommer kann es hier dauerhaft sehr heiß werden, 40 Grad Celsius und mehr sind an der Tagesordnung. Vergessen Sie auf keinen Fall, die Strandschuhe einzupacken. Hundebesitzer benötigen Kühlwesten oder -decken für ihre Lieblinge.

Der Wohnmobilreiseführer zu Kroatien aus dem Hause Bruckmann versorgt Sie mit allen Tipps und Informationen, damit die Tour ein voller Erfolg wird!

Camping an Bord

95 Manchmal geht es nicht ohne Fähre

Für die einen ist es ein notwendiges Übel, für die anderen eine willkommene Abwechslung: die Fährpassage in den Urlaub. Manchmal ist es möglich, sie zu umgehen oder es gibt eine Alternative wie nach Skandinavien die Brücke über den Öresund. Großbritannien, Sardinien, Korsika oder Marokko lassen sich aber definitiv nur so erreichen, da führt kein Weg dran vorbei. Bei einem Ziel wie Griechenland stellt sich die Frage, ob man sich den Landweg über den berüchtigten „Auto-Put" wirklich antun möchte.

Je nach Abfahrtshafen dauert die Überfahrt 21 bis 36 Stunden und hält ein „Zuckerl" für uns bereit: „Camping an Bord". Die Wohnmobile werden hierbei vorne auf dem offenen Deck bzw. etwas dahinter an den ebenfalls offenen Galerien fest gemacht. Die Kabine ist in diesem Fall unser Wohnmobil. Eine tolle Sache, denn man wird mit Strom versorgt, damit die Kühlschränke weiterlaufen, und die Hundebesitzer freuen sich darüber, dass sie ihre vierbeinigen Freunde nicht in Boxen unterbringen müssen. Bei schönem Wetter können sogar die Campingstühle genutzt werden. Das Ganze ist nicht nur bequem, sondern auch noch günstiger, denn die Kabinengebühr entfällt. In dem Fall kann man sagen, dass der Urlaub wirklich auf dem Schiff beginnt! Ist zum Beispiel Griechenland rechtzeitig gebucht, können Sie mit einem Preis ab 400 Euro kalkulieren.

„Camping an Bord" wird eingeschränkt auf der Strecke nach Sardinien angeboten. Dies allerdings, je näher die Hauptsaison rückt, für Preise bis zu 600 Euro und mehr. Korsika hat diesen Service leider gar nicht mehr im Angebot. Überhaupt gilt für Fahrbuchungen: je eher desto günstiger, ähnlich wie bei Bahn- oder Flugtickets.

Wählen Sie kurz oder lang

Die günstigste Verbindung nach Großbritannien ist und bleibt die Kurzstrecke von Calais oder Dünkirchen nach Dover. Mit Boarding, Aus- und Einschiffen ist der Trip nach drei Stunden erledigt. Die Vielzahl der täglichen Passagen macht ein Übersetzen nahezu ohne Vorbuchung möglich. In diesem Fall bewegt sich, je nach Wohnmobillänge, der Preis ab 150 Euro hin und zurück. Wer weiter in den Norden nach Schottland möchte, kann alternativ von Rotterdam nach Hull oder von Amsterdam nach Newcastle gebracht werden. Die Strecke bis Rosyth wird nicht mehr für Wohnmobile angeboten. Die Kosten für eine 23-stündige Fahrt sind durch die Kabinenpflicht sehr üppig und beginnen für ein Sechs-Meter-Wohnmobil (hin und zurück mit zwei Personen) bei mehr als 600 Euro und steigen für längere Fahrzeuge rapide. Hier muss jeder für sich entscheiden, ob er die kürzere und günstige Variante wählt und dafür die 600 Kilometer von Dover bis zur schottischen Grenze in Kauf nimmt.

Das Meer ist kein Hindernis

Sonst muss man sagen, dass uns die Fähren wahrlich die europäische Welt erschließen. Von Dänemark bis Stavanger, Barcelona nach Ibiza oder Mallorca, von Huelva in Spanien zum Inselhopping auf die kanarischen Inseln: Bitte schön! Genauso geht es natürlich nach Island, den Färöer, Orkney oder Shetland Inseln. Fähren erschließen uns Ziele, die das Wohnmobildasein in einen völlig anderen Bewegungsradius bringen. Selbst eine Frachtschiffreise bis Australien ist möglich!

„Die schönste Kabine an Bord haben wir!"

Die leichte Wohnmobil-Küche

One-Pot Gerichte für drinnen und draußen

96

One-Pot-Gerichte sind ideal für das Kochen im Wohnmobil. Wie der Name sagt, benötigt man nur einen „Pot“ oder eine höhere Pfanne – so hält sich auch der Abwasch in Grenzen. Sie gelingen auf dem Gasherd im Wohnmobil oder auch auf dem Grill im Freien. Fleisch, Fisch, Gemüse, Nudeln, Reis, Kartoffeln: jeder nach seinem Geschmack oder was der örtliche Einkauf gerade hergibt.

Spaghetti mit Lachs für vier Personen:
250 g Champignons, 1 Zwiebel, 1 Knoblauchzehe, 1 Zweig Rosmarin und Thymian, Öl, Salz, Pfeffer, Gemüsebrühe, 100 g Sahne, 400 g Spaghetti, 100 g frischer Spinat, 250 g Räucherlachs

Auch „Outdoor“ am Grill bequem zuzubereiten

Frische Küche direkt vom Markt

Zubereitung

Die Pilze waschen und halbieren, Zwiebeln und Knoblauch klein schneiden. Die Pilze mit etwas Öl in einem Topf anbraten, Zwiebeln und Knoblauch dazugeben und kurz mitbräunen, mit Salz und Pfeffer würzen. In ein Schälchen geben und zur Seite stellen. In den Topf 900 ml Wasser und die Sahne geben, Spaghetti dazu fügen. Kurz aufkochen. Die Brühe dazugeben und mit Deckel ca. zehn Minuten bei mittlerer Hitze köcheln lassen – ab und zu umrühren, damit die Spaghetti gleichmäßig Flüssigkeit aufnehmen. Champignons, Zwiebeln, Knoblauch, Spinat, Rosmarin und Thymian darüber geben und alles zusammen kurz aufkochen lassen. Die Hitze minimieren und den Lachs, in mundgerechte Stücke gezupft, darüber geben. Weitere zwei bis drei Minuten mit geschlossenem Deckel köcheln und fertig ist ein leckeres Pasta-Gericht für die ganze Familie.

Wasserversorgung mobil

Wie kommt das Flüssige an den Hahn?

97

Nichts ist so einfach wie die Wasserversorgung im Wohnmobil, denken Sie vielleicht, sind doch die technischen Wege, es an den Hahn zu bringen, sehr begrenzt. Denn man unterscheidet lediglich zwischen Tauchpumpen und Druckpumpen. Tauchpumpen sind klein und kompakt, dabei sehr leise und müssen direkt im Wassertank sein. Die größeren und lauteren Druckpumpen dagegen können an beliebiger Stelle montiert werden. Das hat oft den Vorteil, dass man sie bei Wartung oder Reparatur besser erreichen kann. Sie sind leistungsfähiger, was man bei der Abgabe der Wassermenge deutlich spürt. Beide Systeme verfügen über keine elektronischen Steuerelemente. Fest steht aber: Pumpe defekt – kein Wasser, so einfach ist das!

Kaputt ist kaputt

Defekte Tauchpumpen werden einfach komplett ausgetauscht. Das ist nicht viel schwieriger als ein Radwechsel und kann eigentlich von jedem selbst gemacht werden. Sie sind so günstig, das sie in jedem Fall als Ersatzteil in das Wohnmobil gehören. Aufwerten kann man sie als Tandempumpe oder durch eine Verstärkerpumpe, damit sie mehr Wasser fördern.

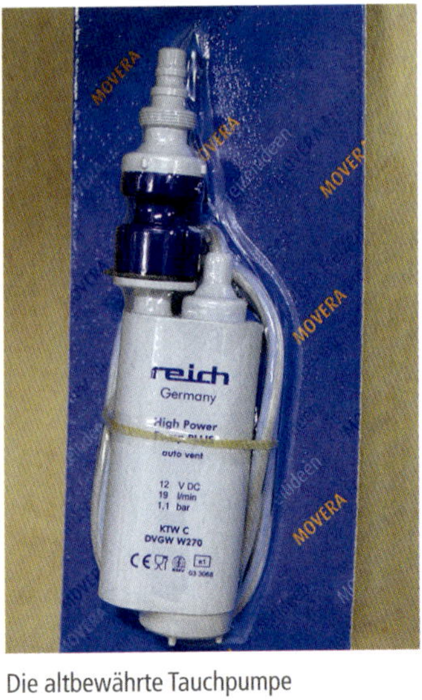

Die altbewährte Tauchpumpe

Wie schon gesagt, bietet eine Druckpumpe durch die höhere Leistung wesentlich mehr Entnahmekomfort. Sie ist wesentlich lauter – an der falschen Stelle angebracht kann es auch als Krach bezeichnet werden. Der Wasserverbrauch steigt natürlich auch an. Sie ist wesentlich teurer und verfügt über viel mehr Fehlerquellen als die einfache Tauchpumpe. Ab ca. 100 Euro ist man dabei, während eine Tauchpumpe bereits ab 15 Euro zu haben ist. Nichtsdestotrotz empfehle ich auch bei

Fließendes Wasser wie zuhause mit der Druckpumpe

einer Druckpumpe, stets einen Ersatz mitzuführen. Dann kann nach Austausch der Fehler in Ruhe behoben werden und diese dann wieder als Ersatz zum Einsatz kommen.

Ohne Pumpe kein Wasser

Bei größeren und Premium-Wohnmobilen ist die Druckpumpe Standard. Für kleinere Fahrzeuge mit begrenzten Wassertanks bis 100 Liter ist die Tauchpumpentechnik völlig ausreichend. Wenn Sie regelmäßig die Siebe Ihrer Wasserhähne reinigen, läuft sie tadellos, darauf reagiert sie aber auch besonders empfindlich. Sie übersteht Frost unbeschadet, dagegen muss die Druckpumpe in der Winterpause entleert werden. Zusammenfassend ist zu sagen, dass beide ihren Dienst gut versehen. Aber nicht vergessen: keine Pumpe – kein Wasser, darum empfiehlt es sich, immer einen kleinen Wasservorrat an Bord zu haben, sei es in Form von Wasserflaschen oder einem Kanister.

Der schönste Stellplatz

Lange gesucht und endlich gefunden

98

Bei vielen Dingen im Leben hat man oft die sogenannte Qual der Wahl. Das gilt natürlich nicht zuletzt auch für die Wahl des richtigen Stell- oder Campingplatzes für Ihren nächsten, ungeduldig erwarteten Wohnmobil-Urlaub. Damit Sie es dabei noch einfacher (oder doch viel schwieriger?) haben, wird eine schier endlose Auswahl an Kategorien angeboten, aus denen man wiederum wählen soll.

Mit der Zahl der Wohnmobil-Stellplätze ist natürlich auch die „Auszeichnungsflut" gestiegen: So können Sie also den schönsten Platz am See, an der Therme, am Schlosspark, in den Bergen, der Toskana, den höchsten, den größten, den kleinsten, den schönsten an der Mosel, am Rhein, am

Am Wasser geankert

Beim schönsten Stellplatz hat jeder seinen Favoriten!

Main, am Mittelmeer, dem Jakobsweg, in der Altstadt, der Großstadt und so weiter suchen. Es gibt Kategorien, die die Plätze aufteilen in die Zahl der Parzellen (bis 20, bis 50 etc.), in die Plätze mit den besten Sanitäranlagen, und das Ganze dann mit Gold, Silber und Bronze bewerten. Und dann geht es natürlich noch nach Preis: kostenlos, bis fünf Euro, bis 15 Euro und darüber ...

Ganz im Auge des Betrachters

Was ich damit sagen oder besser fragen möchte: Brauchen wir das alles? Gerade bei den Apps oder Online-Portalen wie „Stellplatz-Radar" oder „Womo-Stellplatz" gibt es glücklicherweise viele Bewertungen und Bemerkungen der User, also von Ihnen! Studieren Sie diese doch einmal – dabei werden Sie vielleicht das Gefühl nicht los, dass die Campingfreunde auf verschiedenen Plätzen waren. Derselbe Platz liegt wunderbar ruhig, für den anderen am Ende der Welt, der eine findet ihn von der Ausstattung her sehr gut, der nächste gibt nur zwei Sterne, weil keine Toiletten vorhanden sind. Daran sieht man eigentlich nur, dass die Meinungen und Bewertungen ebenso individuell oder subjektiv sind, wie eben alles im Auge des jeweiligen Betrachters liegt.

Oh, fast würde jetzt vor lauter Kategorien vergessen, den schönsten Wohnmobil-Stellplatz der Welt zu küren – Trommelwirbel und Tusch – es ist der Platz, an dem Sie sich am wohlsten fühlen, wo Sie sich entspannen können, gut unterhalten fühlen, kurzum: wenn Sie und Ihre Besatzung den Heimweg danach rundum zufrieden antreten können!

Der größte Stellplatz der Welt

Alle Jahre wieder erwacht das Leben neu

99

Sie haben noch nichts vom Ort Quartzsite in Arizona, USA, gehört? Komisch, den sollte eigentlich jeder Wohnmobilist kennen. Es ist eine Gemeinde mit 4.000 Einwohnern in der ewigen Sonne, 340 Tage wolkenloser, blauer Himmel pro Jahr ist ihr Aushängeschild. Das weiß auch mehr als eine Million (überwiegend amerikanischer) Rentner, die sich jedes Jahr im November mit ihren 500.000 Wohnmobilen auf den Weg machen.

Danach ist hier alles anders. Nach Recherchen und dem Lesen der amerikanischen Blogs im Internet handelt es sich dabei um ein Schauspiel der fast schon apokalyptischen Art. Man stelle sich 500.000 riesige Wohnmobile ab zehn Metern Länge vor, die durchschnittlich mehr als 300 Quadratmeter Fläche für sich, ihre Anhänger, Zaunanlagen für die Hunde, Outdoor-Küchen und Campingausrüstung benötigen. Das Ganze hat natürlich wenig mit Ruhe und Romantik, sondern vielmehr mit Gigantismus zu tun!

Willkommen im Land der unbegrenzten Möglichkeiten

Schätzungsweise 200.000 (!) Generatoren tuckern dabei also vor sich hin und jeden Abend gibt es riesige Partys in Zelten, deren Dimensionen wir hierzulande nur vom Münchener Oktoberfest kennen. Tagsüber gibt es Besichtigungstouren zu den schönsten und größten Wohnmobiltrucks oder es lockt die größte Campingausstellung der Welt. Die Bewohner des Ortes haben sich schon längst darauf spezialisiert und bieten Reparaturen von Generatoren oder Ersatz für Fäkal- und Wasserpumpen an. Riesige Supermärkte, Getränkelieferdienste, Pizzalieferservices und was Ihnen sonst noch einfällt: Hier gibt es das garantiert alles. Jeden Tag versorgen 100 Frischwasser-Tanklastwagen die Wohnmobile und fast die gleiche Anzahl entsorgt die Fäkaltanks – das allerdings zumeist in den Abendstunden. Das Leben in dieser ehemaligen Goldgräberkolonie direkt am Highway Nr. 10 ist etwas ganz besonderes und vor allen Dingen preiswert. Ein Platz kostet 40 US-Dollar für zwei Wochen oder 160 US-Dollar für die gesamte Saison (bis Februar). Die ersten 14 Tage sind frei, erst dann kommt ein Gemeindemitarbeiter zum Kassieren – dies konnte wohl mit ein Grund dafür sein, warum immer wieder Wohnmobile umherfahren und einen neuen Platz suchen. Es finden sich ganze Communities gleicher Fabrikate ein, die dann kreisförmig mit 100 Fahrzeugen stehen. Camper, die den Wüstenboden mit 200 Quadratmetern Kunstrasen abdecken, findet man hier. Ich denke, dies wäre somit dann der ausgefallenste Platz zum Überwintern oder sogar ein geeignetes Ziel für Sie?

Wohnmobil-City

Abgefahrene Urlaubsideen

Das hat Ihnen noch gefehlt

100

Mit den Jahren wird es vielleicht immer schwieriger, das richtige Ziel zu finden, oder vielleicht fahren Sie auch nach Jahren wieder das erste Mal ohne Kinder? Da kommt gerne der beliebte Spruch „Wie schnell die Zeit doch vergeht" auf die Tagesordnung. Wohnmobilfahrerinnen und -fahrer sind sehr agil, wissensdurstig und oft alles andere als „der normale Urlauber" oder besser gesagt „der Durchschnittsreisende", wenn man so will. Sie sind oft wirklich überdurchschnittlich jung geblieben. Denn das Leben auf kleinem Raum, diese Nähe und Verbundenheit mit dem Reise- und häufig auch Lebenspartner ist etwas ganz Besonderes.

Riskieren Sie doch einmal etwas

Darum sind Sie, ja, Sie, geradezu dazu prädestiniert, ganz ausgefallene und besondere Dinge zu erleben. Sie können sich nicht einig werden über das nächste Ziel? Nehmen Sie doch einfach einen Landes- oder Europa-Atlas und blättern blind die Seiten durch, bis Ihr Finger stopp „sagt". Da ist es dann, das nächste Ziel! Wenn Sie das ganze unmittelbar vor der Abfahrt machen, erhöht das den Reiz ungemein. Oder Sie nehmen einfach den besten Treffer aus drei Versuchen, so haben Sie einen gewissen Einfluss auf das Ergebnis.

Geben Sie Ihrer nächsten Tour doch einfach einmal ein Motto wie „Keine Etappe mehr als 100 Kilometer" oder „Nur Städte unter 10.000 Einwohnern". Machen Sie den günstigsten Wohnmobilurlaub Ihrer bisherigen Karriere oder setzen Sie sich ein Tageslimit für die Kosten. Das kann eine spannende und reizvolle Aufgabe zugleich sein! Übernachten Sie nur auf Stellplätzen, die kostenlos sind, und Campingplätzen, die maximal mit 20 Euro pro Nacht zu Buche schlagen.

Neue Ideen bringen neuen Schwung

Umgekehrt ist es natürlich auch zugelassen. Das Motto wäre dann zum Beispiel „Besuchen Sie nur Fünf-Sterne-Campinganlagen" oder „Übernachten Sie an einem Schlosshotel mit Restaurant und nutzen Sie dann morgens den Wellnessbereich", eben Glamping pur. Übrigens: Das Motto „Kochen Sie abends nicht selbst, sondern bestellen Sie das Essen vom Lieferservice" funktioniert übrigens ganz hervorragend.

Die wissen auch nicht wohin!

Ganz ausgefallen wäre ein Urlaub nach der Devise „Klingeln Sie an einem Haus, auf dessen Grundstück ein Wohnmobil parkt", denn hier wohnen bestimmt Gleichgesinnte, die Ihnen jeden Insider-Tipp aus der Gegend mitteilen. Wir haben es übrigens schon für Sie getestet – es hat funktioniert, in England sogar mit anschließender Stadtführung und einem gemeinsamen Dinner inklusive Übernachtung vor der Haustür!

Ob Sie das alles jetzt ernst nehmen oder nicht, bleibt natürlich ganz allein Ihnen überlassen. Es soll nur aufzeigen, wie schön und einmalig dieses Hobby ist und welch ungeahnte Möglichkeiten sich bieten, denn Langeweile kann es mit dem Wohnmobil eigentlich gar nicht geben.

Eine ideologische Betrachtung

101

Das Wohnmobil – Eine Liebe fürs Leben

Für die meisten ist ihr Wohnmobil nicht einfach ein Fahrzeug mit Bett und Toilette. Oftmals ist es ein jahrelanger Traum, den man aus Zeitgründen oder finanziellen Zwängen oft verschoben hat ... aber dann! Denn ist es einmal angeschafft, so wächst die Liebe mit jeder Tour und bald ist das Wohnmobil aus dem Leben nicht mehr wegzudenken. Das ist auch kein Wunder. Denn das Wort „Wohnung" leitet sich etymologisch vom altdeutschen Wort „wonên" ab und bedeutet unter anderem „zufrieden sein". Das Wort „mobil" bedeutet natürlich „beweglich, gesund, munter". Was wünscht sich der Mensch denn eigentlich am meisten? Ganz genau: Zufriedenheit, Gesundheit und beweglich zu bleiben – schlichtweg ein Wohnmobil!

Gestalten Sie Ihren Wohn(t)raum

Am Anfang bestückt man das Wohnmobil anhand der diversen Checklisten mit allem Notwendigen, peu à peu richtet man es dann immer persönlicher ein. Nach jeder Tour verbleibt ein weiterer, ganz indi-

Trennung ausgeschlossen!

vidueller Gegenstand im Wohnmobil. Gerade anfangs werden nach jeder Fahrt die Schränke nochmal neu umgeräumt und kleine Verbesserungen vorgenommen, bis das Wohnmobil so eingerichtet ist, dass endlich alles für Sie passt. Sind die persönlichen Standards gesetzt, wird das Wohnmobil individuell verschönert und dekoriert: Decken, Kissen, Bilder an die Wände/Schränke, eine Deko-Beleuchtung hält Einzug und das Wohnmobil wird immer mehr zum Zweitwohnsitz. Es dauert meistens nicht lange, und das Wohnmobil ist eingerichtet wie zuhause, eben nur in klein. Es hat unser Herz erobert und bei guter Pflege kann es uns noch jahrelang begleiten. Irgendwann sitzt man bestimmt mit anderen Wohnmobilisten bei einem Glas Wein zusammen und erzählt sich gegenseitig von den Abenteuern, die man mit seinem Gefährt schon erlebt hat. Romantisch verklärt, wird da oft die Durchquerung des trockenen Flussbettes in Griechenland zu einem kühnen Husarenstück, welches man todesmutig gemeinsam bewältigt hat und die Schrammen auf den Kunststofffenstern werden zum Zeichen einer grandiosen Liaison zwischen dem Wohnmobil und den stacheligen Hecken in Südengland.

Wie, Ihr Wohnmobil hat keinen Namen?

Verzückt blickt man dann oft auf seinen „Dicken“, „Joda“ oder die kleine „Lilli“ und denkt sich: Hach ja, gemeinsam haben wir schon so viel erlebt, du bist nicht nur ein Wohnmobil, du bist ein Familienmitglied. Und als solches benötigt es natürlich auch einen richtigen Namen! Fragen Sie doch einmal bei Ihrem Nachbarn nach, wie sein Gefährt (oder besser Gefährte?) heißt und was es mit dieser Namenswahl auf sich hat.

So schließe ich dieses Buch mit einem kleinen Gedicht:

Viel zu spät begreifen viele
die versäumten Lebensziele:
Freude, Schönheit der Natur,
Gesundheit, Reisen und Kultur,
Darum, Mensch, sei zeitig weise!
Höchste Zeit für eine Womo-Reise!

(Frei abgewandelt nach Wilhelm Busch (1832–1908)

Freiheit auf vier Rädern!

Ebenfalls erhältlich …

ISBN 978-3-7343-2026-2

Dieser Reiseführer bringt frischen Ostseewind in Ihr Wohnmobil: mit Highlights und Geheimtipps von der Flensburger Förde bis zum Stettiner Haff.

ISBN 978-3-7343-0895-6

Glückliche Tage und Nächte direkt um die Ecke: auf Deutschlands individuellsten Wohnmobilstellplätzen. Von der Nordsee bis zu den Alpen.

BRUCKMANN

www.bruckmann.de

Impressum

Verantwortlich: Kerstin Thiele
Layout: Elke Mader
Lektorat: Charlotte von Schelling
Repro: Cromika
Herstellung: Anna Katavic
Printed in Slovenia by Florjancic

★★★★★

Sind Sie mit diesem Titel zufrieden? Dann würden wir uns über Ihre Weiterempfehlung freuen.
Erzählen Sie es im Freundeskreis, berichten Sie Ihrem Buchhändler oder bewerten Sie bei Ihrem nächsten Onlinekauf. Und wenn Sie Kritik, Korrekturen oder Aktualisierungen haben, freuen wir uns über Ihre Nachricht an Bruckmann Verlag, Postfach 40 02 09, D-80702 München oder per E-Mail an lektorat@verlagshaus.de.

Unser komplettes Programm finden Sie unter www.bruckmann.de

Alle Angaben dieses Werkes wurden vom Autor sorgfältig recherchiert und auf den aktuellen Stand gebracht sowie vom Verlag geprüft. Für die Richtigkeit der Angaben kann jedoch keine Haftung übernommen werden.

Die Deutsche Nationalbibliothek verzeichnet diese Publikation in der Deutschen Nationalbibliografie; detaillierte bibliografische Daten sind im Internet über http://dnb.d-nb.de abrufbar.

Bildnachweis: Alle Fotos im Innentitel stammen vom Autor außer: S. 57 shuttestock/visualpower; S. 59 shutterstock/Baloncici; S. 83 picture alliance/dpa-Zentralbild; S. 98 shutterstock/arty way; S. 115 Shutterstock/Ivonne Wierink; S. 120 picture alliance/APA/picturedesk.com; S. 124 shutterstock/jazz 3311; S. 147 shutterstock/omphoto; S. 170 shutterstock/Twin Design; S. 188 shutterstock/Wierink; S. 190 shutterstock/Mr Doomits; Umschlaginnenseiten: shutterstock/Andrey Armyagov und kostasgr.

4. aktualisierter Nachdruck 2021

ISBN 978-3-7343-1155-0